Das Expertinnen-Sprungbrett

Starte dein Online-Business sicher und fundiert mit einem Buch, das dich direkt als die Go-to-Expertin positioniert.

Svenja Hirsch

Herausgeberin: Svenja Hirsch

Coverdesign:
Sabrina Blumenthal
Art Direktion & Grafik Design
sabrinablumenthal.com

Das Expertinnen-Sprungbrett

Starte dein Online-Business sicher und fundiert mit einem Buch, das dich direkt als die Go-to-Expertin positioniert.

Svenja Hirsch

Inhalt

Kapitel 1

Erfolgsfaktor Nummer eins: Glaubwürdigkeit aufbauen

Business Owners Need Authority To Create Success

Als ich Julia zum ersten Mal gegenüber saß, kannte sie mich bereits seit mehr als einem Jahr. Sie hatte an einem Betakurs als eine von rund 100 Frauen teilgenommen und verharrte im Anschluss still und heimlich über ein Jahr lang in meinem Newsletter. Julia ist eine dieser zurückhaltenden Personen, die man im ersten Moment nicht gleich wahrnimmt. So habe ich von ihr im Kurs kaum etwas mitbekommen und war überrascht, als ich nach einem Gespräch mit ihr feststellte, dass sie mir schon seit über einem Jahr folgte.

Julia arbeitete zu dieser Zeit bereits in Vollzeit bei einem großen Konzern. Sie ist auf den ersten Blick eine ganz normale Angestellte und war damit auch lange Zeit zufrieden. Zurückhaltend wie sie ist, wurde sie dort weder als besonders herausragend noch als sonderlich schlecht wahrgenommen. Sie lief eher so mit, im guten Mittelfeld. Ich erzähle ihre Geschichte so gerne, weil ich glaube, dass sich viele Expertinnen in einer ähnlichen Situation befinden oder diese auf einer anderen Ebene gut nachempfinden können. Sie ist so herrlich normal, so nahbar und empathisch. Und wir alle hatten wahrscheinlich schon mal so eine Julia in uns, die an sich weiß, dass es ihr gut geht und sie vieles hat, wovon andere träumen, die sich aber nicht so richtig angekommen fühlt. Die merkt, dass sie bei ihrem aktuellen Tun irgendwann an eine Grenze stoßen wird und so eine leise oder bereits sehr laute Ahnung davon hat, dass es noch mehr gibt und sie viel mehr zu geben hat und erreichen kann als das.

Ich kenne eine Reihe von sehr klugen und empathischen Frauen, die viel mehr können, als sie aktuell zeigen. Die wissen, dass es so viel mehr zu sehen und zu erleben gibt als in der Welt, in der sie momentan noch unterwegs sind. Die große Träume haben und Ziele, vor denen sie selbst innerlich noch zurückschrecken oder sich so vieles nicht zu denken erlauben, weil es auf den ersten Blick so riesig und unerreichbar scheint.

Ein Zufall gab Julia die Möglichkeit, über den Tellerrand des Großkonzerns hinauszuschauen: Eigentlich wollte sie sich nur selbst innerhalb ihres Arbeitsumfeldes besser zurechtfinden und im Unternehmen ihre Karriere vorantreiben und machte daher während ihres Hauptjobs eine Ausbildung zum Agilitäts- und Emotionscoach.

Sie wollte mit den Kommentaren ihres damaligen Chefs besser umgehen können und sich auch zu Kolleg*innen und Co. selbstsicher positionieren. Als sie dann mitten in der Ausbildung steckte, sah sie bei ihren Mitauszubildenden, wie diese sich als Coach selbstständig machten. Der springende Punkt war aber, dass Julia das Gefühl hatte, hier nun etwas zu tun, das sie richtig gerne machte, zu ihr passte und ihr eine Form von Sinnhaftigkeit gab.

Sie war schon immer ambitioniert und bereit, viel für ihr Fortkommen zu tun. Als normale Angestellte mit ihrer Leistung im laufenden Alltag oftmals nicht gesehen oder schlicht als selbstverständlich wahrgenommen zu werden, war bis dato so normal für sie. Sie hatte nie daran gedacht, so etwas wie eine Trainerin oder Coach zu werden. Doch die Erfahrung während ihrer Ausbildung veränderte etwas in ihr.

Zuerst war sie schlicht glücklich, diese Entscheidung getroffen zu haben, auch wenn es ein großes Invest war. Mit dem Fortschreiten der Ausbildung begann ihr diese Tätigkeit immer mehr Spaß zu machen. Sie war fasziniert von Themen wie positiver Psychologie, es machte ihr richtig Spaß, mehr darüber zu erfahren und zu lernen, diese auch wirklich anzuwenden. Sie erlebte, dass sie Menschen wirklich helfen konnte und spürte immer mehr die Selbstwirksamkeit - und dass sie für das, was sie tat, gesehen wurde.

Selbstständig Menschen zu coachen gab Julia ein Gefühl von Freiheit und Sinnhaftigkeit. Und sie kam immer mehr ins Nachdenken: Was wäre, wenn sie ihren zwar guten, aber langweiligen Job irgendwann gegen ein eigenes Business austauschen könnte?

Ich habe Julia, nachdem sie endlich aus meinem Newsletter raus und rein in mein echtes Leben getreten war, immer besser kennenlernen dürfen und verstanden, warum sie über ein Jahr meine Newsletter las, bevor sie einen ersten Schritt in Richtung Selbstständigkeit wagte.

Denn damit ist es ja immer so eine Sache: Um Geld zu verdienen, brauchst du Kund*innen. Und um Kund*innen zu bekommen, müssen diese dich auch finden - und dir so vertrauen, dass sie dir Geld für deine Expertise bezahlen. Somit war alles, was Julia zu dem Thema las, davon geprägt, sich selbst als Expertin aufzustellen und zu vermarkten. Aber so richtig wohl und selbstbewusst fühlte sie sich damit nicht. Es kamen immer wieder diese Gedanken hoch: „Wer bin ich denn schon, dass ich hier jetzt fremde Leute coache?" Und gleichzeitig sah sie Experten und Expertinnen bei YouTube und auf Events, die erzählten, was sie genauso gut hätte sagen können - wenn nicht sogar besser.

Ich glaube, genau diese Ambivalenz hielt Julia eine ganze Weile davon ab, einen ersten Schritt zu machen.

Es erfordert viel Mut, einen sicheren Job ganz oder in Teilen aufzugeben, um in eine erstmal eher unsichere Selbstständigkeit zu starten. In vielen Fällen kommt hinzu, dass niemand die eigene Familie in eine problematische Lage bringen will mit einer so großen Entscheidung und Veränderung.

Der tiefe Wunsch nach Selbstverwirklichung, nach einem thriving business, das Julia nach ihren eigenen Maßstäben gestalten konnte, und in dem sie wirklich als Expertin gesehen und anerkannt wird, hat sich seit der Erfahrung in ihrer Ausbildung bei ihr eingebrannt.

Die eigenen Träume realisieren und so leben, wie es für sie passt und richtig ist. Kinder zu bekommen und all das gut auf die Reihe zu bekommen, ohne irgendetwas dafür aufgeben zu müssen - das sind alles Wünsche und Vorstellungen, denen wahrscheinlich jede von uns etwas abgewinnen oder sie zumindest nachvollziehen kann.

Beginnst du dann, ähnlich wie Julia, dich mit dem Aufbau eines eigenen Business zu beschäftigen, gibt es einen undurchdringbaren Dschungel von Informationen und Empfehlungen. Mach dieses und jenes, lass die Finger von XYZ. Fokussiere dich auf A. Nein, konzentriere dich besser auf B!

Die Ratschläge und Motivationssprüche sind überwältigend und oft auch überfordernd. In der Regel gibt es keinen richtigen und auch keinen falschen Weg (von den unseriösen einmal abgesehen). Es gibt einzig und allein den für dich passenden.

Was es außerdem gibt und eventuell geht es dir hierbei ja genauso, ist oftmals der Wunsch nach Sicherheit. Gerade bei denjenigen, die mit ihrem Vorhaben noch sehr am Anfang stehen oder wissen, dass sie etwas

Grundlegendes ändern wollen und somit einen Neuanfang wagen, ist dieser Wunsch besonders stark. Alle Neustarter*innen hätten am liebsten die Gewissheit, dass es mit ihrem Vorhaben klappt. Aus meiner Sicht ist es daher wichtig, für den passenden Weg zunächst ein Fundament anzulegen - und dieses liegt in deiner eigenen Sicherheit.

Warum es wichtig ist, sich als Expertin aufzubauen und zu etablieren

Viele Business-Coaches reden davon, dass du All-in gehen musst, um erfolgreich zu sein. Dabei geht es nicht allein um eine Selbstständigkeit - du kannst auch innerhalb eines Unternehmens Karriere machen und insofern erfolgreich sein. Aber was ist, wenn du dir dies zwar wünschst, dich aber nicht danach fühlst und dieses All-in nach Hals- und Beinbruch für dich klingt? Sich komplett in ein Business zu werfen und den Fokus auf die eigene Karriere zu legen, erfordert Leidenschaft, Mut und Vision. Dass schon nach kurzer Zeit die meisten Menschen diesen Traum wieder beiseite schieben, liegt oftmals in persönlichen Unsicherheiten begründet und einem Schwanken zwischen „Ich will das!" und „Wer bin ich denn, das wollen zu dürfen?" - ein Schwanken zwischen Selbstbewusstsein und -zweifel. Und es erscheint dann oft leichter, sich doch wieder in den Bereich zurückzugehen, den man schon kennt und unter dem Radar zu fliegen, in dem man nicht wahrgenommen wird.

Das geht nicht nur Starterinnen so, sondern auch jenen, die schon länger im Business und auf dem Weg nach oben sind. Es ist eine Herausforderung, die eigene Reichweite und Sichtbarkeit entsprechend aufzubauen und wirklich als Expertin gesehen und anerkannt zu werden. Gleichzeitig ist genau das aber auch wichtig, um den eigenen Erfolg nachhaltig aufzubauen. Ich habe im Zuge meiner Recherchen zu diesem Buch unter anderem mit Annika gesprochen, der es ähnlich geht wie Julia: Sie hat die Sorge, in der Masse unterzugehen und nicht wahrgenommen zu werden. Zwar sieht sie Menschen wie Laura Malina Seiler und Tobias Beck auf den Bühnen dieser Welt stehen und denkt sich: „Das, was die dort erzählen, kann ich auch." Doch gleichzeitig schwirrt ihr immer wieder die Frage durch den Kopf: „Wie soll ich dorthin kommen? Wenn ich das alles mache, will ich es auch richtig machen - aber wie gehe ich das an?"

Im Prinzip spiegelt sich in all diesen Aussagen der Wunsch nach Sicherheit wider, wie eine Art Erfolgsgarantie. Die gibt es natürlich nicht wirklich, aber es gibt Möglichkeiten, die eigene Sicherheit aufzubauen und diese mit deiner Wirkung nach Außen zu verknüpfen, damit du es in der Folge leichter hast, dein Business auf feste Füße zu stellen, die nicht irgendwann einfach wegbrechen.

Das Problem, das ich in der Legende vom 'All-in-Gehen' sehe

Jan Böhmermann nimmt in einer Folge des ZDF neo Magazins die Business-Coaching-Szene aufs Korn. Dabei stehen eine Handvoll Coaches im Fokus, die mit unlauteren Methoden arbeiten, toxisches Marketing betreiben und oft nicht ausliefern, was sie verkaufen.

In ihren Beispielen wird davon gesprochen, dass du keinen Erfolg hast, wenn du nicht voll committed und in der richtigen Energie bist. Oder dir es auch wert sein musst, und wenn es nicht klappt, bist du es nicht usw. usf.

Solche Aussagen haben schon viele eigentlich richtig tolle Expertinnen ihr Business gekostet. Weil sie denken, dass sie beim Verkaufen immer happy sein müssen und sonst lieber nichts anbieten. Ich kann diesen Gedanke nicht bestätigen, denn ich habe schon in schwierigen Phasen gut verkauft. Es kommt dabei mehr auf das Produkt an und wie du deinen Interessent*innen gegenüber auftrittst. Zudem gibt es nun einmal Menschen (ich zähle mich übrigens dazu), die in ihre Rolle reinwachsen. Blindlings in etwas reinzustolpern, das mir nicht passt, kann schlecht enden. Ich fühle mich am Ende wie eine Versagerin und sage mir, dass ich es vielleicht nicht verdient habe.

Hier passt auch das Bild von den zu großen Schuhen: Darin kann ich nicht laufen, stolpere böse und hole mir einen Bänderriss. Wenn ich aber erstmal die kleineren nehme und mit jedem Wachstumsschub ins nächstgrößere Paar wechsle, wird mir das große Paar am Ende passen und ich heil an mein Ziel kommen.

Und daher ist es aus meiner Sicht überhaupt nicht verwerflich zu sagen: Ich will diese Sicherheit haben, bevor ich ganz und gar in ein eigenes Business wechsle. Im Gegenteil: Die eigene Reputation von

Beginn an in den Mittelpunkt zu stellen, ist der beste Weg, um erfolgreich zu sein - mit deinem eigenen Vorhaben und auf eine Weise, die dir nicht nur die 15 Minuten Berühmtheit im Sinne Warhols bringt. Sondern eine nachhaltige Bekanntheit, ein nachhaltig aufgebautes Ansehen, das auf deiner Kompetenz beruht.

Achtest du darauf, kannst du zumindest dem vorbeugen, was vielen Business Ownerinnen während Corona widerfuhr: Auf einmal wollten alle online gehen - oder mussten es einfach. Die Gefahr, in dieser Masse unterzugehen, war mit einem Mal groß, einen USP und echten Expertinnenstatus zu kreieren umso herausfordernder. Tausende von Tipps, wie man wo Social Media Kanäle bedienen solle, kursierten. Sicherlich viele davon richtig. Nur auch hier wieder das Problem: Wenn es alle machen, wird es schwierig, sich hervorzutun - gesehen zu werden.

Dafür ist die Reputation umso wichtiger. Ein echter Expertinnenstatus also, durch den du Social Media und Co. gar nicht so nötig hast wie andere. Nimm zum Beispiel Psychologin und Autorin Stefanie Stahl: Die kennt fast jede*r und sie ist vor allem mittels Podcasts unterwegs, wenig allerdings auf Instagram und Co.

Ihr Bekanntheitsgrad misst sich vor allem an der wahrgenommenen Kompetenz. Ihr wird vertraut, sie wird oft als Gesprächspartnerin eingeladen und dadurch vergrößert sich wiederum fast automatisch ihre Sichtbarkeit und Ansehen als Expertin. Ich kann sehr empfehlen, einmal auf ihrem LinkedIn Profil vorbeizuschauen und die Posts genauer anzusehen: Sie hat so gut wie keinen eigenen Content, sondern reposted Verlinkungen mit Bezug auf ihre Bücher, Podcasts oder Events, auf denen sie zu Gast war. Es ist so viel, dass sie kaum eigenen Content braucht, um regelmäßig zu posten und sichtbar zu bleiben.

Sorgst du schon zu Beginn deiner Selbstständigkeit oder dem Ansetzen zum Sprung auf die Karriereleiter für ein entsprechendes Fundament, ist die Chance größer, hier auch wirklich erfolgreich zu sein - und vor allem dies auch lange zu bleiben.

Der wesentliche Grund, dieses Fundament aufzubauen, ist deine eigene Selbstsicherheit. Je mehr du dir selbst vertraust und deine Expertise abrufen kannst, desto mehr vertrauen dir auch andere Menschen. Dich als Expertin zu fühlen und dein Wissen verinnerlicht zu haben, sind die Wurzeln deines Business.

Von hier aus wird es leichter, mit Klarheit und Selbstsicherheit sagen zu können: „Ich bin mit meinem Vorhaben erfolgreich.", so wie Julia - um dann den nächsten Schritt zu gehen und die nächste Stufe zu erklimmen.

Das Gefühl, wirklich etwas zu sagen zu haben, egal wie unsicher du dich an bestimmten Stellen noch fühlst, ist immens wichtig, um überzeugend zu sein und Vertrauen aufbauen zu können. Vielen Starterinnen ist dies jedoch nicht bewusst. Um es plakativ auszudrücken: Sie wissen nicht, was sie alles schon wissen. Sie fallen aus Unsicherheit immer wieder ein paar Schritte zurück, denken, sie müssten doch noch mehr lernen und sich ausbilden lassen etc. pp., obwohl das meistens gar nicht der Fall ist.

Ihr Problem ist in der Regel nur, dass sie ihr eigenes Wissen bislang nie zu fassen bekommen haben und es für sie so wenig greifbar ist. Haben sie dies hinbekommen, wird ihnen auch bewusst, was sie eigentlich alles schon drauf haben, was sie weitergeben können - und wie sie das tun wollen.

In dem Wunsch, dir selbst eine Sicherheit zu schaffen, eine Art Erfolgsgarantie, liegt der Wunsch, selbstsicher zu sein in dem, was du tust. Und das ist goldrichtig so! Ich denke auch nicht, dass dies etwas ist, was uns andere Menschen beibringen können, denn letztlich musst DU dir darüber klar sein, dass du das willst - und dich in diesen Prozess hineinbegeben. Lernen und wachsen wollen, um immer wieder dein altes Paar Schuhe gegen neue, größere einzutauschen.

Du brauchst die Reputation somit zunächst für dich selbst. Im zweiten Schritt festigt diese das Fundament für dein Business, dein Vorhaben. Wenn du dich selbst als Expertin siehst und fühlst, tun andere dies auch. Durch deine eigene Selbstsicherheit wird es in der Folge leichter, dich auch so zu präsentieren. Wahrscheinlich wird nicht gleich alles wie geschmiert laufen und du brauchst ein bisschen Zeit, um Reichweite aufzubauen. Das ist ganz normal und es gibt Mittel und Wege, dies in Kombination mit dem Aufbau deiner eigenen Reputation zu tun. Je weniger Unsicherheiten von Beginn an mitschwingen, desto schneller wirst du das Ansehen als Expertin bekommen, das dir Kund:innen oder auch Kooperationsanfragen bringt. Diese lassen dich und dein Business weiter wachsen. Du wirst eher gesehen und wahrgenommen, und das hilft dir, den Erfolg zu erreichen, den du verdienst - und diesen auch über lange Zeit zu halten.

Erfolg kommt nicht über Nacht

Ich habe es schon bei dem Thema All-in anklingen lassen: Es gibt ein paar Marketingmethoden und Sätze, bei denen mir die Ohren klingeln. Dazu gehört auch das Märchen vom schnellen Erfolg. Bei allem, worüber wir in diesem Buch sprechen, ist mir wichtig, dass du weißt: Es geht immer darum, ein Business auf feste Füße zu stellen, denn du willst nicht nur eine schnelle Million machen, sondern dauerhaft gut von dem leben können, was du liebst.

Darum geht es. Es geht um einen nachhaltigen Business-Aufbau, der dir nach einer Recherche des ZDF nicht direkt um die Ohren fliegt. Es geht um Authentizität, Integrität und Wertschätzung den Menschen gegenüber, die dir ihr Vertrauen und so auch ihr Geld und ihre Zeit geben. Das ist aus meiner Sicht, was Erfolg wirklich ausmacht. Und dafür musst du dich etablieren, als eine Expertin, die weiß, was sie tut und sagt, und der man daher vertrauen kann. Dieses Vertrauen wiederum sorgt letztlich für die Anfragen und/oder deinen Kund*innenstamm, den du so oder so brauchst, um dein Business fortführen zu können und die nächste Sprosse zu erklimmen.

Julia ist auf diesem Weg. Es macht ihr nichts aus, dafür ein paar Stunden mehr zu arbeiten. Sie will vorankommen. Das Einzige, was ihr dabei wichtig ist, ist, dass sie nicht unnötig Zeit mit Tätigkeiten verschwendet, die sie am Ende gar nicht an ihr Ziel bringen.

Warum auch ich mich so gut mit Julias Geschichte und ihren Zielen identifizieren kann, liegt daran, dass es mir selbst lange ähnlich ging. Mit Klarheit und Selbstsicherheit sagen können, dass ich DIE eine Expertin bin? Das fiel mir lange sehr, sehr schwer. Und trotzdem war in mir immer diese Stimme, die mir gesagt hat: „Da ist noch mehr, Svenja. Das, was du gerade siehst und tust, ist nur ein Bruchteil von dem, was möglich ist. Glaub an dich, glaub an diese

Träume." Ich bin froh, dass ich letztendlich auf diese Stimme gehört habe, auch wenn es lange anders aussah.

Kapitel 2

Die Kunst, Profi zu sein

The Art of Establishing Experts

Kennst du dieses Gefühl, nicht gesehen und anerkannt zu werden? Bis in meine 30er hinein, habe ich andere Menschen gebraucht, die an mich glauben, damit ich es selbst auch tat. Ich habe unglaublich viel meiner Unterstützung für andere zurückgehalten oder auch schlicht nicht rausgeben können aufgrund all meiner Unsicherheiten und der Angst vor Ablehnung.

Ich habe lange in Standards gelebt und in dem, was auch du als gesellschaftliche Normen kennst: Familie, Haus, Hund. Ich habe mittlerweile alles davon, aber anders, als du es dir vielleicht gerade vorstellst. Meine Familie ist nicht mit mir verwandt, mein Haus ist gemietet und mein Hund ist Bonnie aus Griechenland plus die zwei Wellensittiche Ellen und Charly.

Das Gefühl von Identitätslosigkeit hat mich immer schon begleitet, ohne dass ich es so habe benennen können. Erst mit 37 Jahren ist mir das gelungen. Ich habe auf die Pausentaste meines bisherigen Lebens gedrückt, um wieder klar sehen zu können. Nur so konnte ich alte Freundschaften, Beziehungen und so auch meine eigenen Muster erkennen und sehen, wie ich wirklich leben will und was mich ausmacht.

Davor habe ich mich an all diesen Systemen festgehalten. Sie gaben mir eine Definition von dem, wer ich vielleicht bin oder sein könnte, weil ich es selbst einfach nicht wusste. Ich dachte tatsächlich, als Frau müsse ich bis 30 verheiratet und in der Kinderplanung sein. Ich habe das Ganze dann zwar auf 35 hochgesetzt, aber als mein damaliger Partner mich verließ, als ich gerade 32 war, brach auch dieses Konstrukt zusammen. Ich hatte nichts mehr von dem, was frau so haben sollte. Wenn ich jetzt zurückschaue, war das eigentlich schon immer so: Nichts von dem, wie es sein sollte, ist bei mir in irgendeiner Form eingetreten, obwohl ich es wirklich darauf angelegt habe - und das nicht zu knapp, selbst nach dieser einen Trennung noch.

Im ersten Jahr an der Universität war ich nicht besonders gut. Ich war einer der ersten Bachelorjahrgänge und das neue System funktionierte wie an der Schule: mit Frontalunterricht, Klausuren schreiben und Inhalte auswendig lernen. Darin war ich noch nie gut und hatte daher auch keine guten Noten. Ich wollte abbrechen, doch dann sagte einer meiner Professoren zu mir: „Ich kann mir vorstellen, Svenja, dass Klausuren einfach nicht deins sind und du sehr viel besser bist, wenn du in den kommenden Semestern Hausarbeiten schreiben kannst." Längere Texte also, in denen ich tiefer in eine Materie eindringen, mir meine eigenen Gedanken machen und Schlüsse ziehen konnte, ganz nach meiner Facon. Mein Professor sollte Recht behalten: Ich gab nicht auf und war bei meinem Masterabschluss eine der Jahrgangsbesten. Er hatte mein Potential im selbstständigen Denken gesehen und mich ermutigt, dranzubleiben. Letztlich steckte darin auch schon DER Hinweis, wie mein wirkliches Leben aussehen müsste: Selbstständig und frei in meinem eigenen Denken und Tun. Bis dahin hat es noch etwas gedauert, da ich gerade im privaten Bereich eher Erwartungen entsprochen, als mein eigenes Leben gelebt habe. Mir fiel es in Bezug auf meine Selbstständigkeit leichter als im Privatleben, meine eigene Rolle zu finden. Hier hatte ich eher ein Bild von dem, was ich machen und wer ich sein will. Aber nicht gleich von Anfang an, denn ich hatte lange das Gefühl, keine echte Expertin zu sein oder wusste nicht, worin. So ging es mir auch im Anschluss an mein Studium der Deutschsprachigen Literaturen. Ich dachte, ich müsste ein Volontariat machen, um einen Job zu bekommen. Schließlich machten es all meine Kommilitoninnen auch so. Ich arbeitete ziemlich genau 6 Wochen als

Volontärin bei der Yellow Press - zum Glück hatte ich einen Psychopathen als Chef und zum Glück zu viele Bauchschmerzen, um sein Spiel mitzuspielen. Aber direkt nachdem ich raus war, fühlte ich mich wieder verloren und komplett fehl am Platz - als ob etwas mit mir nicht richtig sei. Ich startete dann in die Freiberuflichkeit als Texterin und Autorin, schrieb für Fachmagazine, dann für die Lokalpresse Hamburgs, war in großen und bekannten Medienhäusern unterwegs, aber auch Teil kleiner, exklusiver Redaktionen, später auch Onlineredaktionen und Corporate Publishing Projekten. Jedes Mal, wenn meine Tätigkeit auch nur ansatzweise gen Festanstellung ging (was in der Freiberuflichkeit leicht passiert, wenn du immer als fester Teil eingebunden wirst), passierte etwas, das mir auf Dauer gegen den Strich ging und ich nach neuen Projekten Ausschau hielt.

Ich habe in dieser Zeit häufig von damaligen Freund*innen zu hören bekommen: „Svenja, bei dir komme ich gar nicht mehr mit, du machst gefühlt jeden Monat etwas anderes." Heute weiß ich: Freiberuflichkeit besteht aus vielen unterschiedlichen Aufträgen, diese Freund*innen waren aber alle in

Festanstellungen und das auch oft über längere Zeiträume. Sie wussten nicht, was diese Art zu arbeiten heißt und konnten mich daher in meiner Freiberuflichkeit nicht sehen. Auch die Gespräche drehten sich immer nur um die Kolleg*innen, Chefs und Co. Was ich tat und tue, darüber sprachen wir sehr wenig bis gar nicht. Das hat in mir eine tiefe Verunsicherung aufrechterhalten, durch die ich auch im Job nicht sicher aufgetreten bin und oft Probleme hatte, über die Runden zu kommen.

Insofern kann ich es nur zu gut verstehen, dass du dir ein Fundament wünschst, eine Sicherheit, auf der du dein Business aufbaust. Dieses Fundament und diese Sicherheit kann dir niemand anderes außer dir selbst geben. Ich weiß, das klingt nach viel innerer Arbeit und Meditation, aber das ist meiner Erfahrung nach tatsächlich nicht so. Oder anders: Wodurch ich mein eigenes Fundament gefunden habe und aktiviere, ist immer die Selbstwirksamkeit. Durchs Tun und durch die Umsetzung leiste ich gleichzeitig die innere Arbeit, die es braucht, um diese Sicherheit zu schaffen. Ja, ich stimme durchaus zu, dass es in einer Selbstständigkeit und in einem Business wichtig ist, das eigene Nervensystem z. B. durch Meditation regulieren zu können. Es gibt gerade zu Beginn und im Aufbau Phasen, da verkaufst du nichts oder weniger als sonst. Wenn du langsam dein Konto leerlaufen siehst, ist es wichtig, nicht in Panik zu verfallen. Zu wissen, das ist normal und passiert - und nicht allzu schnell das Handtuch zu werfen, sondern darauf zu vertrauen, dass alles, was du tust, in 3-12 Monaten Früchte tragen wird.

Gleichzeitig gibt es viele Dinge, die du tun kannst, um dir selbst dieses Fundament und die Sicherheit zu geben und dafür zu sorgen, dass auch andere Menschen diese entsprechend wahrnehmen und sagen: „Sie weiß, was sie tut. Sie kennt sich aus, sie ist ein Vorbild für mich. Ich will mit ihr arbeiten." Oder Ähnliches. Hierin liegt die Kunst, dich als Expertin zu etablieren, sodass andere dich sehen und anerkennen. Und ich kann dir jetzt schon sagen, dass das nicht allein über Social Media Posts funktioniert, weil es zu viele Expertinnen da draußen gibt, die das auch tun. Du brauchst ein Alleinstellungsmerkmal.

Durch mein Business ist es mir leichter gefallen, zu sehen, wer ich wirklich bin und was mich ausmacht. Ich habe zuerst diesen Bereich, dann meinen Freundeskreis verändert. So ist mir nach und nach bewusst geworden, dass das Gefühl von Identitätslosigkeit seinen Ursprung noch ganz woanders hatte. Ich bin erst vor wenigen Monaten nochmal ganz zurückgegangen, in meine familiären Strukturen. Auch hier war es so, dass ich wenig über mich, mein Leben und meine Leidenschaft gesprochen habe oder danach gefragt wurde. Der familiäre Zusammenhalt basierte im Grunde auf Gegebenheiten wie Festen oder Urlauben, die immer gleich abliefen. Bis ich entschieden habe, es anders haben zu wollen und damit auch einzufordern, gesehen zu werden, statt zu tun, was andere von mir erwarten. Denn genau das führte zu meiner persönlichen Identitätslosigkeit: Wenn du immer machst, was andere wollen und erwarten, weil sie es so gewohnt sind, dann bist du nicht du selbst. Du gibst etwas vor, vielleicht aus Angst vor Verlust, Ablehnung, Liebesentzug oder Bestrafung. Kindliche Muster, die sich in ihrer Auswirkung auch auf dein Business übertragen.

Neben der freiberuflichen Arbeit fing ich an, einen Verlag zu gründen und Bücher zu veröffentlichen. Ich weiß nicht, wie ich darauf kam, zunächst Belletristik zu schreiben. Das machte mir zwar Spaß, fiel mir aber auch oft schwer, während mir die Arbeit in den

Redaktionen sehr leicht fiel, vor allem das Portraitieren von Menschen in ihrem Business. Ich konnte besonders gut von echten Erfahrungen erzählen und Wissen teilen. Ich wusste damit aber lange nichts anzufangen.

Als ich mich 2017 nach dem Tod meines Stiefpapas in meine erste (!) Festanstellung als Texterin für Marktingtexte und Onlineshops begab, baute ich nebenher einen Blog auf, auf dem ich über meine persönliche Geschichte schrieb. Einfach alles, was mir einfiel und was mich beschäftigte. Vor allem auf die Texte, vor denen ich selbst Angst hatte, bekam ich die schönsten Reaktionen. Leute bedankten sich, denn so hätten sie xyz ja noch nie gesehen. Es war ganz viel Erfahrung und Wissen dabei, zwar noch unsortiert, aber ich merkte, dass genau das mich glücklich machte. Dazu gab es auch noch einen Podcast, in dem ich mit anderen Menschen über ihre Geschichte und Business sprach. Ich hatte dort Gäste wie Conni Biesalski und Lars Amend, mit denen sich wie von Zauberhand wunderschöne Gespräche ergaben.

Du kennst es vielleicht, wenn sich so nach und nach der Nebel lichtet und du das Gefühl hast, du bist noch nicht ganz da, wo du hin willst, aber du kommst deinem Ziel immer näher - jetzt bloß nicht aufhören! So ging es mir. Meine Festanstellung machte mir erneut schnell keinen Spaß mehr, weil ich kaum meine Ideen einbringen und umsetzen konnte. Zum Glück gab mein Chef das Unternehmen auf, ich bekam ALG I, als Corona um die Ecke bog und ich entschied, mir die Zeit zu nehmen, um herauszufinden, was ich wirklich machen will. Zu diesem Zeitpunkt hatte ich bereits neun Bücher veröffentlicht. Doch mir wurde immer wieder gesagt, mit Schreiben könne man kein Geld verdienen und von Büchern nicht leben.

Ich habe das lange Zeit geglaubt, obwohl ich andere Erfahrungen gemacht habe. Meine Masterarbeit beispielsweise hat mir als Fachbuch Ausschüttungen der VG Wort von 800 Euro und mehr gebracht. Einfach so. Und obwohl ich meinen eigenen Verlag 2021 eingestellt habe, bestellen Geschäfte nach wie vor bei mir direkt die Bücher.

Ich habe erst jetzt begriffen, dass die Aussage, mit Büchern könne man kein Geld verdienen, von Menschen kam, die sich in dem Bereich gar nicht wirklich auskannten. Die oft noch nicht mal viel lesen. Oder die eher Belletristik schrieben, während sie ihr eigentliches Geld als Coach verdienten. Kurioserweise habe ich in dem Zusammenhang einen Coach kennengelernt, der ebenfalls dieser Ansicht war, weil ihm seine Literatur nicht viel einbrachte, während er mit Sachbüchern in seinem eigentlichen Tätigkeitsfeld viel Geld verdiente… Ich musste erst mir selbst mehr glauben als anderen und begreifen, dass ICH die Person und die Expertin dafür bin, um auch mein Auftreten dahingehend zu verändern.

Ich habe das lange Zeit nicht sehen können, bis ich mich buchstäblich an diese Expertise heranschrieb und -tastete. Durch Zufall kam ich an mein erstes Co-Autorin-Projekt, das ich schrieb und hatte dann die fixe Idee, einen biografischen Ratgeber über meine Mutter zu schreiben. Ich schrieb und überarbeitete das Buch in nur 12 Wochen. Doch dann stockte ich im Veröffentlichungsprozess. Ich hatte das Buch ein paar Agenturen angeboten und wartete auf Rückmeldung. Heute würde ich sagen: Ich scheute mich einfach vor der Veröffentlichung, denn sonst hätte ich noch mehr Bewerbungen abgeschickt oder gleich selbst veröffentlicht. Als ich schon dabei war, wieder ein neues Buch anzufangen, weil ich unbedingt ein Sachbuch auf meiner Webseite einbinden wollte, dachte ich mir, okay, das ist Quatsch! Ich griff mir nochmal den Ratgeber, machte eine letzte Überarbeitung und veröffentlichte selbst. Genau dieses Buch sah meine Kundin Jessica, die mich daraufhin als Co-Autorin buchte. Sie sagte, das Projekt habe ihr so zugesagt und bei anderen Buch-Mentorinnen hatte sie solche Veröffentlichungen nicht gesehen. Sie wusste dadurch, ich bin die Richtige für sie. Sie hat mich in meiner Kompetenz wahrgenommen und mich als die Expertin gesehen für das, was sie brauchte und wollte. Das Buch hat mir direkt eine Premiumkundin gebracht und eine, mit der ich sehr gerne zusammenarbeite.

Und von hier aus erkannte ich immer mehr und mehr, dass genau das meine Expertise ist. Dass ich hierin die Expertin bin. Und das sich alles, was ich bislang machte und erfahren hatte, darauf zugeführt hatte.

Ich habe selbst erlebt, was diese Form von Büchern bewirken und wollte selbst durch Bücher etwas bewirken. Bücher sind schon immer Teil meines Lebens und meiner Leidenschaft gewesen, auch wenn ich erst später erkannt habe, was sie wirklich bewegen können. Das konnte mir niemand in dieser Form sagen oder sehen - weil ich es selbst sehen musste. Weil ich mich selbst erst in dieser Rolle sehen musste. Und vielleicht geht es dir gerade ähnlich und du kennst einige der Gefühle und Erfahrungen ebenfalls, von denen ich gerade berichtet habe.

Du wirst es mir heute kaum noch anmerken, aber ich habe mich lange schwergetan, Bücher zu schreiben. Jede erdenkliche Hürde habe ich mitgenommen, die man so mitnimmt, wenn man Bücher schreibt. Durch die Auftragsarbeiten und weil ich mein Business durch ein Sachbuch stärken wollte, musste ich zwangsläufig eine Strategie entwickeln, die es mir erlaubt, zügig durchzuschreiben und zu veröffentlichen. Und ich sehe auch immer wieder, wie wichtig so eine klare Strategie und dadurch schnellere Veröffentlichung ist, weil du nur ein veröffentlichtes Buch einsetzen kannst und Wirkung erzeugst.

Das Schreiben und den Mut zu haben, mich rein auf nicht-fiktionale Bücher bei meiner Arbeit zu konzentrieren, hat mich zum ersten Mal in das Gefühl gebracht, eine Expertin zu sein. Ich wurde immer mehr und mehr angefragt für Podcasts etc., in denen ich zum Thema Business-Buch spreche. Für dieses Buch habe ich selbst mit einer Buchcoach gearbeitet, die es mir knallhart in die Beschreibung dieses Buches textete: Seit der Gründung ihres ersten Verlags vor fast 10 Jahren hat Svenja Hunderten von Frauen* geholfen, Perfektionismus und Prokrastination hinter sich zu lassen und mit einem Buch ihre Leadership-Rolle zu beanspruchen. Sie bestärkt ihre Autorinnen, Bücher zu schreiben, die Medienaufmerksamkeit und Kund*innen anziehen und vor allem ihre Glaubwürdigkeit untermauern – und lässt dabei keine Zweifel aufkommen, dass sie mit ihrer Botschaft die Welt verändern können!

Erinnerst du dich an den nächstgrößeren Schuh, von dem ich vorhin gesprochen habe? Diese Formulierung war zunächst so einer. Ich fand ihn wahnsinnig schön, habe ich mich aber gefragt, ob ich auf den hohen Absätzen wirklich laufen kann. Also bin ich reingeschlüpft und habe es ausprobiert. Zu Beginn tat es etwas weh, aber dann ging es immer besser. Ich bin hineingewachsen.

Wenn ich heute z. B. an einem Netzwerktreffen teilnehme und sage, was ich mache, geht ein Raunen durch den (virtuellen) Raum. Erst kürzlich sagte bei der Session eines von mir gebuchten Kurses die Leiterin:

„Na, und wer Svenja noch nicht kennt: Sie ist Business-Buch Mentorin." Das ehrt mich immer sehr. Gleichzeitig weiß ich, dass ich mich selbst in die Lage gebracht habe, für meine Expertise angefragt, als DIE Expertin gesehen und gebucht zu werden. Weil ich es mittlerweile selbst sehen kann, kennt man mich. Dabei bin ich nicht umtriebiger als andere, aber ich werde mittlerweile gesehen und erinnert. Und meine Mission ist, Frauen genau diesen Weg zu zeigen und die Person zu sein, die sie sieht, wenn sie es gerade selbst nicht können - so wie mein Professor, meine Business-Mentorin Sigrun oder eben meine Buchcoach Angela.

Ich kann dich schon auf dieser Bühne sehen, die dir gehört. Und ich will dich dorthin bringen, so wie ich mich selbst auch durch Unterstützung von anderen Menschen dorthin gebracht habe. Du brauchst eine Person, die dich nicht die ganze Zeit bloß in Watte packt, sondern dir sagt: Das könnte jetzt ein bisschen weh tun, aber ich weiß, dass du es schaffen kannst.

Denn jetzt mal ganz ehrlich: Wir brauchen mehr Frauen, mehr weibliche Erfahrung da draußen, auf den Bühnen dieser Welt. Dort, wo sie sich oftmals nicht trauen, zu stehen. Ich will mehr Frauen sehen, die ihre eigene Expertise sehen, erkennen, annehmen und vertreten. Die ihr Wissen, das Thema, für das ihr Herz brennt, nutzen und sich zwischen all den anderen endlich emporheben, die weniger herzensgut oder erfahren sind als sie. Wenn sich diese Frauen trauen, ihre Kompetenz zu zeigen, sich zu zeigen und nach vorne zu treten, dann ist es genau das, wofür ich arbeite.

Meine Vision dabei ist, dass wir mehr Frauen in leitenden Rollen und Positionen sehen, mehr weibliches Wissen und Erfahrungen sammeln und nutzen. Lange wurde die Rolle der Frau klein gehalten, ja, sogar bewusst ausradiert. Es ist an der Zeit, dass Frauen gesehen und endlich auf sie und ihre Erfahrungen gehört werden. Dass sie gesehen und gehört werden für was und wer sie wirklich sind.

Du hast vielleicht eine ähnliche Vision und bringst diese auf andere Weise in die Welt: mit deinen Mitteln, deiner Expertise. Erzähle den Leuten davon auf eine Weise, die dir ein Alleinstellungsmerkmal bringt.

Kapitel 3

Ein Buch schreiben… Warum das ein Muss ist

You Should Write A Book

Mehr als 40 treffsichere Themenideen für dein erstes Sachbuch findest du in meinem Startguide Buchstark starten + Buchtitelcheck für den ersten Arbeitstitel.

Hier kannst du den Guide gebührenfrei downloaden:

Es ist ganz egal, an welchem Punkt du momentan stehst: Du weißt bereits genug zu deinem Thema, um ein Buch zu schreiben.

Du wirst dich immer weiterentwickeln, weshalb es nicht den perfekten Zeitpunkt gibt, an dem du alle Expertise hast. Diese 100 Prozent gibt es nicht, denn während du lernst, dreht sich die Welt weiter. Neue Erkenntnisse kommen, neue Lernbereiche werden erschlossen, du entwickelst dich weiter.

Ein Buch von dir konserviert immer einen Teil deiner Expertise zu einem bestimmten Zeitpunkt und macht diesen permanent zugänglich. Nehmen wir an, du schreibst mehrere Bücher, dann bilden diese deine Entwicklung ab. Zu jeder Zeit stärkt dein Buch deinen Status als Expertin. Von Außen und von Innen.

Ich glaube daher auch nicht, dass irgendetwas fließen muss, wenn du ein Buch schreibst. Wenn du deine Erfahrungen und all dein Wissen aufschreibst, braucht es ab und an einfach Gehirnschmalz und Disziplin. Bestimmte Zusammenhänge müssen wir erstmal überhaupt in diesen (logischen) Zusammenhang bekommen, zu Ende denken und unsere eigene

Einstellung dazu in Worte fassen. Das ist nicht immer leicht. Ich würde sogar sagen, es ist in den seltensten Fällen leicht. Wer etwas anderes erzählt, hat bislang nur an der Oberfläche gekratzt, aber kein wirklich tiefgehendes Buch geschrieben. Wir, du und ich, wollen aber genau das tun. Denn nur so sorgen wir dafür, dass dein Buch ein herausragendes Alleinstellungsmerkmal ist, das dich, deine Haltung und Erfahrung verkörpert und eine Verbindung zu dir schafft.

Das sind KEINE leichtfüßigen Prozesse. Dürfen sie auch nicht sein, sollten sie auch nicht sein. Wir müssen mal damit aufhören, ständig auf dem Wort Leichtigkeit herumzureiten und es überzuglorifizieren als sei es der heilige Gral. Wenn das alles leicht wäre, du dir kaum Gedanken machen müsstest, nicht mal an einer Stelle hängen bleibst, dann könnte erstens jede*r ein Buch schreiben und zweitens würde dieses Buch keinen erinnerungswürdigen Eindruck hinterlassen.

Was aber sein darf, ist Einfachheit. Es wird viel einfacher, dein Buch zu schreiben, wenn du weißt, was du erreichen willst und was deine Überzeugung ist, sodass du deine persönliche Erfahrung dazu teilst.

Diese inspiriert am Ende die Menschen und löst echte Veränderung aus.

Das ist eben kein identitätsloses Buch übers Sachbuch schreiben mit Schritt 1-10. Sondern ein Buch, das die Erfahrungen und Herausforderungen ehrlich darstellt - und worum es beim Schreiben eines Buches geht.

Und dein Buch darf strategisch durchdacht sein. Es ist in Ordnung, über ein Angebot nachzudenken, das in dein Buch einfließt bzw. die Menschen darauf hinführt. Denn du bist nicht wie einer der bloßgestellten Coaches, sondern hast ein Thema, für das du brennst, worin du gut bist und diesen Menschen wirklich weiterhilfst. So wie Julia.

Es geht nie ums Wie - es geht immer ums Warum

Wenn du dich verloren fühlst zwischen all den anderen Expertinnen, Trainerinnen, Coaches, Mentorinnen und Therapeutinnen, die in einem ähnlichen Segment unterwegs sind wie du, dann ist dieses Buch deine Möglichkeit, herauszuragen. Die eine Stufe mehr nach oben zu gehen, durch die du schon von Weitem als Erste sichtbar bist.

Das bringt dir den Vorzug und der Buchinhalt selbst Kund*innen. Schon durch deine Erfahrungen und dein Wissen wird dein Buch zum Leadmagnet, du kannst es aber außerdem auch als Magnet für deinen Funnel einsetzen, um beispielsweise mehr Menschen in deine E-Mail-Liste zu bekommen. Und das solltest du aus meiner Sicht unbedingt wollen! Denn wer ein Buch von dir kauft und sich darüber hinaus für zusätzliches Material bei dir einträgt, die Person hat echtes Interesse an deinem Thema und war schon bereit, für die Lösung ihres Problems ein Buch zu kaufen. Deine Leser*innen sind hochqualitative Leads! Du willst sie anschreiben können, du willst ihnen mehr von dir und den Möglichkeiten einer Zusammenarbeit mit dir erzählen können.

Du wirst recht schnell merken, wenn du dein Business aufbaust, dass vieles, was dir von Business Coaches etc. erzählt wird, nicht mehr unbedingt so funktioniert, wie es das beispielsweise 2020 noch getan hat. Der Markt ändert sich stetig, so wie du dich veränderst.

Eine Weile gab es diese Höher Schneller Weiter Mentalität, es herrschte eine regelrechte Goldgräberstimmung. Doch wie alles endet auch diese und aus meiner Sicht ist das recht schnell passiert. Es konnten diejenigen aufspringen, die bereits ein Fundament aufgebaut hatten - oder diejenigen, die keine Skrupel hatten, Mist zu verkaufen.

Genau das hat dazu geführt, dass nun viel mehr darauf geachtet wird und viel bedachter gewählt wird, mit wem ich wirklich zusammenarbeiten möchte. Ich beziehe mich hier mit ein und frage dich: Bist du wählerisch geworden? Wenn ja: gut so! Denn wählerisch heißt nicht schwierig, wie es uns Frauen gerne suggeriert wird, wenn wir aus der Sicht anderer zu oft „Nein.", sagen. Aber du darfst „Nein", sagen, wenn du von etwas nicht hundertprozentig überzeugt bist. Du darfst wählen und dich für eine Sache entscheiden. Und genauso dürfen das alle anderen auch.

Wenn du an dieser Stelle im Buch angelangt bist, kann es sein, dass der Markt schon wieder anders aussieht. Dass wieder andere Dinge und Marketingmethoden im Trend sind. Dir wird jede*r etwas anderes erzählen, je nachdem, was die Person verkaufen möchte. Da kann ich mich natürlich auch nicht von freisprechen, ABER: Dank EBook und Co. ist ein Buch ein sehr vielfältig einsetzbares Tool, dessen Einsatz du dem jeweiligen Marktgeschehen anpassen kannst. Alle müssen drinnen bleiben? Die Buchhandlungen hatten während Corona auf einmal wieder mehr Zulauf, mehr Bücher wurden online wie offline verkauft. Alle dürfen wieder raus? Lesungen und Offline-Events mit Buch sind wieder verstärkt im Kurs. All diese Veränderungen, die im Laufe von Dekaden passieren, manchmal auch innerhalb weniger Jahre, macht dein Buch mit und verliert nicht an Wertigkeit.

Denn was immer bleibt, ist der Wunsch nach Identität und Weiterentwicklung. Der Wunsch, weshalb viele Menschen Bücher kaufen: Um etwas zu einem Thema zu lernen, das sie aktuell beschäftigt oder ihr Wissen dahin zu vertiefen und weitere Blickwinkel kennenzulernen.

Deswegen gibt es drei ganz wesentliche Punkte, die du für dein Buch beachten solltest:

1. Setze dir vorab klare Ziele für dein Buch in Bezug auf das, was es für dein Business tun soll.

2. Bilde und inspiriere Menschen.

3. Teile deine Version von einer besseren Welt mit ihnen.

Bücher, die dies berücksichtigen, werden immer wirksam bleiben. Denn sie verkörpern das, was sich hinter dem Trendwort Mindfull Selling tatsächlich verbirgt: Marketing ohne leeres Blabla, sondern mit einer sehr hohen Wertigkeit, im Englischen high valued.

Neben der Tatsache, dass du dein Buch online und offline nutzen kannst und so immer auf Veränderungen am Markt reagieren kannst, bringt dich dein Buch auf viele weitere Plattformen, die du ohne nicht erschließen kannst - Amazon zum Beispiel. Und ja, viele mögen Amazon nicht, trotzdem ist es die größte und bekannteste Verkaufsplattform, die übrigens als Buch Shop gestartet ist. Und wenn du darüber hinaus auch gerne auf die größte Suchmaschine der Welt zugreifst, dann bist du mit Sicherheit auch schon einmal in der Google Books Übersicht gelandet. Ohne Buch kommst du dort nicht hinein, mit schon! Und hier hast du sehr viel weniger Konkurrenz als mit deiner Webseite in der normalen Google Suche.

Das sind nur zwei Beispiele von Plattformen, auf die du ausschließlich mit einem Buch kommst. Social Media, Webseite, Blog und Podcast? Schön und gut. Das kann aber jede*r. Und es machen auch schon sehr viele. Dein Buch hingegen arbeitet an noch ganz anderen Stellen für dich, auf denen sich weniger ähnliche Angebote, dafür aber umso mehr Menschen auf der Suche nach Angeboten tummeln.
Gerade in Krisenzeiten oder auch persönlichen Phasen, die herausfordernd sind, sorgt dein Buch dafür, dass das Fundament bei dir weiterhin stimmt. Vertrauensaufbau. Ein Buzz-Wort, das niemals aus der Mode kommen wird. Du brauchst das Vertrauen deiner Interessent*innen, damit sie bei dir etwas kaufen, damit sie dich buchen und mit dir arbeiten wollen. Das wird immer so bleiben, mal weniger, mal stärker ausgeprägt.

Mal sind wir wählerischer, mal nicht so sehr. Aber immer brauchen wir einen Punkt, bei dem wir sagen: Ja, ich will! Und dieses Ja entsteht durch Vertrauen, das wir durch ein Buch so aufbauen können, wie durch kaum ein anderes Tool.
Ich habe dir oben kurz den Begriff von high value mitgegeben. Und diese hohe Wertigkeit bringen Bücher aufgrund ihrer langen Historie automatisch mit. Ich

will hier nicht zu sehr ins Detail gehen, aber es wäre spannend, einmal zu schauen, ob wir Menschen auch im Bezug auf Bücher eine Art historisches Gedächtnis haben. Eine Verankerung in unseren Genen, durch die wir nach wie vor Bücher als etwas besonders Erhabenes begreifen. Selbst die zu Beginn oft schlechten Selfpublishing-Werke konnten dem nicht viel anhaben. Dafür liegt der Beginn der Geschichte des Buches schon zu weit zurück: Selbst die Bibel ist ein Buch und übrigens das bis heute meistverkaufte. Menschen verbinden automatisch diese hohe Wertigkeit und Expertise mit Büchern bzw. den Menschen, die sie geschrieben haben.
Und tatsächlich bietet es dir als Autorin die Möglichkeit, wirklich zu zeigen, was du kannst und weißt. Du hast Platz für deine Gedanken und kannst hier viel Raum für diese einnehmen, sie wirklich einmal in der Tiefe zu Ende führen. Das ist auf Social Media und auch in Blogbeiträgen nicht möglich.

Oft ist uns gar nicht bewusst, wie viel wir wirklich wissen und erzählen können. Statt das in Posts einzuschränken, kannst du in deinem Buch alles einbringen. Du musst nichts auf einzelne Kernaussagen beschränken, sondern kannst dein Wissen tiefgehend darlegen, genau so wie deine persönlichen Erfahrungen und auch Kund*innenbeispiele ausführen und hier richtig in die Tiefe des Problems eintauchen. Das schafft bei deinen Leser*innen ein entsprechendes Verständnis, sie fühlen sich gesehen und genau das bringt dir Vertrauen und Verbindung.

Beim Buchschreiben kommen viele mit dem Zeitaspekt um die Ecke und meinen, dieser Prozess würde so viel Zeit in Anspruch nehmen. Sie vergessen dabei aber, dass sie ein Buch nur einmal schreiben und mehrfach verkaufen können. Und das am besten eben als niedrigpreisiges Produkt, das den Vertrauensaufbau für deine weiteren Angebote leistet. Davon abgesehen braucht es mit Strategie nicht so viel Zeit, wie du denkst, weil du zielgerichteter schreiben kannst.

Und ich zeige dir in diesem Buch, wie du dein Business direkt auf ein sicheres Fundament stellst, indem du ein Buch deinem Business entsprechend schreibst und einsetzt.

Dafür gehen wir die wichtigsten Schritte im Businessaufbau mit Buch gemeinsam: Zunächst bauen wir ein starkes Fundament auf, indem du deine Zone of

Genius bestimmst, deine Origin Story schreibst und dich für ein erstes Angebot entscheidest. Dann kommen wir aufs Buch: Du entwickelst dein Thema und eine Buchstruktur. Im Anschluss erzähle ich dir mehr übers Schreiben an sich und das Editoring, das im Anschluss ansteht. Und natürlich werden wir auch über das heißgeliebte Thema Veröffentlichung sprechen.

Ich gebe dir nicht allein Infos mit, sondern spreche auch über Mythen, die rund um diese Themen kursieren: Müssen wir wirklich einen Bestseller schreiben? Und worum geht es tatsächlich? Von hier aus kommen wir zum Thema Medienmarketing und warum ein Business-Buch in dieser Hinsicht so wirkungsvoll ist.

Damit du viel aus diesem Buch mitnimmst, leg dir ein Notizbuch an, das ausschließlich für dein erstes Buch gedacht ist und notiere dir während des Lesens deine Gedanken und Ideen. Ich höre immer wieder, dass Menschen ihr Buch zwar seit 23 Jahren im Kopf, aber noch nichts zu Papier gebracht haben. Genau darum geht es aber, wenn du ein Buch schreiben willst: etwas zu Papier zu bringen. Was so logisch klingt, wird in den meisten Fällen nicht umgesetzt. Daher gehe ich zum

Ende hin auf die häufigsten Gründe ein, warum Bücher nicht geschrieben werden.

Du hast nun vielleicht schon gemerkt, dass das hier kein „So schreibst du dein Sachbuch"-Buch ist. Und du wirst auch in diesem Buch merken, dass meine Philosophie nicht ist, wie etwas funktioniert, sondern vor allem warum wir all das tun, warum bestimmte Herangehensweisen nicht funktionieren, warum andere sinnvoller sind usw. Denn ganz viel beim Buchschreiben hat mit Durchhaltevermögen zu tun und das wiederum ist sehr eng verknüpft mit der Antwort auf die Frage, warum du dein Buch schreibst - deine Ziele und Visionen, was du erreichen willst und kannst und was das Buch tatsächlich für dich und dein Business tut. Und dafür brauchen wir zunächst das, was dir wirklich liegt: Was ist deine Zone of Genius?

Kapitel 4

Sei brillant! Die Kraft der Selbstentdeckung

Find Your Zone Of Genius

Damit du als Expertin wahrgenommen wirst und dich etablieren kannst, brauchst du einen Fokus - deine Zone of Genius. Das hat nicht unbedingt etwas mit der berühmten Nische zu tun, von der oftmals gesprochen wird. Deine Geniezone kann in einer Nische liegen, muss sie aber nicht unbedingt. Vielleicht sind dort auch mehrere Nischen enthalten.

Diese Geniezone ist eine, die dir wirklich wichtig ist, in der du aufgehst und gut bist. In deiner Zone of Genius redest du, ohne vorher viel nachdenken zu müssen und hast Wissen bzw. Wissensdurst ohne Ende. Dein Herz geht auf, wenn du daran denkst - und machst Dinge in diesem Bereich von Herzen. Gleichzeitig hast du Erfahrungen in diesem Bereich, von der andere um dich herum profitieren können.

Diese Geniezone ist wichtig für dich, um hierin eine etablierte Expertin zu werden. Denn wenn du sie kennst und dich darauf konzentrierst, in erster Linie hierüber zu sprechen, Content zu teilen und zu schreiben, dann wirst du dafür auch als Expertin wahrgenommen. Du verstärkst die Wahrnehmung der anderen in diese Richtung. Sie nehmen deine Zone of Genius automatisch als dein Thema war und bringen dich in

Zukunft genau hiermit als Erstes in Verbindung - oder andersherum: Wenn jemand von diesem Thema spricht, denken alle sofort an dich!

Ich erlebe immer wieder, dass Menschen Angst haben, sich auf eine Sache zu konzentrieren oder bei zu wenigen Verkäufen direkt wieder in die Breite gehen. Das Problem ist: Wenn du zu breit aufgestellt bist, wirst du für alles wahrgenommen, aber für nichts so richtig. Du willst aber DIE Expertin werden und sein. Und damit du dich hierin auch wohl und sicher fühlst, schau dir genau an, in welchem Bereich du das kannst.

„The goal in life is not to attain some imaginary ideal; it is to find and fully use our own gifts." - Gay Hendricks, The Big Leap: Conquer Your Hidden Fear and Take Life to the Next Level

Frag dich, was Gay Hendricks änlich in The big leap fragt: Was liebst du am meisten zu tun? Was liebst du so sehr, dass du es für einen langen Zeitraum machen kannst, ohne dass es dich ermüdet oder langweilt?

Dort willst du hin, das willst du für den Rest deines Lebens tun. Diese Vorstellung ist wichtig für dich, für die Energie, die du darauf richtest und den Willen, immer mehr dazuzulernen, immer mehr Details zu sehen und zu ergänzen, durch die du wirklich brillant wirst, in dem, was du tust.

Je mehr du darüber sprichst, je mehr Erkenntnisse du teilst, desto eher wirst du auch genau dafür wahrgenommen und damit verbunden. Und je weniger Menschen gibt es auch, die mit dir mithalten können. Das ist etwas gänzlich anderes, als wenn du dich dauernd in neuen Dingen fortbildest. Du kostest alles nur ein bisschen an, das können andere auch sehr schnell. Was dich wirklich zur Expertin macht, ist aber, wenn du mehr weißt, als die Inhalte, die in jedem Einstiegsseminar stattfinden. Wenn du die meisten Ecken kennst und Varianten gesehen hast, dein Ding schon länger als andere machst. Dafür ist genau dieser Fokus wichtig.

Stell dir also vor, du wirst als Expertin für diesen einen Bereich gesehen: Welcher wäre das?

Am einfachsten ist es, wenn du zunächst ein Brainstorming machst und alle Themen und Bereiche aufschreibst, die dir in den Sinn kommen. Wobei geht dein Herz auf? Worüber sprichst du gerne? Bei welchem Thema sagen Freunde und Familie schon, dass sie mehr wissen, als ihnen lieb ist, weil du immerzu darüber sprichst? Wenn du unsicher bist, frag deine Freunde und deine Familie, worüber du häufig redest. Bist du viel und gerne auf Social Media unterwegs, dann frag bei deinen Follower:innen nach. Frage sie, welche Themen ihnen bei dir Spaß machen.

Setze dir dabei jetzt noch keine Grenzen, sondern lass einfach mal los und notiere alles, was dir in den Sinn kommt.

Du kannst dafür zum Beispiel Post-its nutzen und jedes Thema, jeden Bereich, der dir einfällt, auf einen Post-it schreiben. Manches wird sich ähneln, diese Begriffe und Themen kannst du zu einem Feld zusammenfügen. Gibt es vielleicht einen Überbegriff, der die anderen alle vereint? Finde diese Überbegriffe und entscheide dich am Ende für einen.

In diesem Bereich kannst du wirklich gut sein und werden! Du liebst es jetzt schon und wirst daran wahrscheinlich auch in Zukunft nie so richtig die Lust verlieren. Klar, es mag hin und wieder schwierig werden - aber gerade dann ist diese Zone of Genius wichtiger denn je, um durchzuhalten und nicht aufzugeben. Denn Erfolg kommt durch Kontinuität. Einfach, weil du es liebst und dir so richtig auch gar nichts anderes vorstellen kannst. Das ist DEIN DING! Und so wirst du es auch schaffen, auf lange Sicht an anderen vorbeizuziehen und dich zu etablieren. Diese Leidenschaft wirst du genauso auch in deinem Buch zeigen können. Deine Leser:innen werden Dinge schreiben wie: „Ich merke sofort, dass dies dein Herzensthema ist. Deine Leidenschaft ist total ansteckend und reißt mich mit."

In welchem Bereich, für welches Thema WILLST du bekannt sein - und welches ist GLEICHZEITIG stark verbunden mit deinem Wissen und deinen Erfahrungen? Wenn nach der einen Expertin gefragt wird, bei welchem Thema soll IMMER dein Name fallen? Wo ist dein Bild am Ende in Lexika und Enzyklopädien zu finden?

Ja, du darfst ruhig groß denken. Durch die Bilder, die du in deinem Kopf schaffst, wird genau so ein Wunsch möglich.

Es geht nicht darum, irgendjemandem zu gefallen oder zu tun, was von dir erwartet wird. Mir wurde mit Anfang 20 immer gesagt, mit Schreiben und Büchern könne man kein Geld verdienen. Ein weit verbreiteter Glaubenssatz, den ich selbst lange verinnerlicht hatte. Und so lange ich auf diesen gehört habe, auf das, was andere erwartet haben oder was sie für annahmen, konnte ich mich davon nicht frei machen und war auch nicht erfolgreich. Erst als ich mich hiervon gelöst habe, ging mein Business zum ersten Mal durch die Decke. Ich konnte meinem Gefühl, diesen Weg ausprobieren zu müssen, nicht länger widerstehen - schlicht weil mein Herz bei dem Gedanken, nur noch mit Büchern zu tun zu haben, aufging. Und so bin ich fast gleichzeitig in meiner Zone of Genius angekommen. Hier performe ich richtig gut, besser als die meisten und es gibt kaum jemanden, der oder die mir hier erfahrungsgemäß das Wasser reichen kann. Diesen Bereich hast du auch. Vielleicht wurde dir abgeraten, es dir ausgeredet so wie mir damals. Aber glaub mir: Wenn dieses Feuer in dir brennt, dann wirst du damit auch erfolgreich sein. Einfach, weil du es willst und weil du ganz tief in dir drin immer daran glaubst - egal wie es zwischendurch läuft.

Diese Zone of Genius zu finden, wird dir bei allen Hürden helfen. Diese Hürden haben übrigens auch diejenigen, die Trends hinterherrennen und tun, was sie glauben tun zu müssen, statt ihre Geniezone zu finden. Sie mögen kurzfristig erfolgreich sein, ja. Aber was wir wollen, ist dich nachhaltig zu etablieren. Du willst keine Eintagsfliege sein, du willst nicht den kurzfristigen Erfolg. Du bist gekommen, um zu bleiben. Du willst etabliert sein und dein Business aufbauen, ggf. auf die ein oder andere Art skalieren, deine Familie versorgen können, dir selbst die größte Sicherheit schaffen und dauerhaft hiervon leben können. Und dafür brauchst du deinen sweet spot, denn diesen wirst du nur sehr ungern je wieder verlassen, wenn überhaupt. Du kannst deine Energie abrufen und wirst langfristig auch die richtige Unterstützung hierfür finden. Und du wirst immer wieder Wege finden, wenn dich etwas oder jemand hindern oder blockieren will. So wie Rachel Rogers, die als Anwältin zu Beginn ihrer Karriere zu einem Club eingeladen wurde. Ein weißer Mann und bekannter Anwalt lud sie zu einer exklusiven Runde ein und sie war nur zu gerne dabei, weil sie dachte, dass diese Unterstützung den lang ersehnten Erfolg bringen würde. Doch sie merkte schnell, dass hier etwas nicht stimmte: Zu bestimmten Treffen wurde sie nicht eingeladen, erfuhr eher zufällig davon und auf Nachfrage gab es Ausreden zu hören. Schließlich bekam sie heraus, dass die Runde lediglich weiße Menschen beiwohnten und sie aufgrund ihres Aussehens, ihrer Herkunft ausgeschlossen wurde.

Das war nicht nur verletzend, sondern hochgradig rassistisch. In ihrem Buch We should all be millionaires schreibt sie darüber, wie sie entschied, aus diesen vermeintlich guten Kreisen auszutreten, um ihr eigenes Ding zu machen. Sie gründete den Hello seven Club mit der Mission, Frauen und BPOC, queere Menschen sowie anderen ausgegrenzten Unternehmer*innen zu zeigen, wie sie ihr Verdienstpotenzial maximieren können. Eine Idee, für die sie mittlerweile weltweit bekannt ist und Millionen verdient!

So wie Rachel Rodgers bist auch du nicht auf das Wohlwollen anderer angewiesen, die nur etwas bestimmtes von dir erwarten oder dich für ihre Zwecke nutzen. Du kannst deine eigene Community bilden und mit genau dem, was dich ausmacht, wofür du IMMER losgehen würdest und dein Herz schlägt, Geld verdienen. Gutes Geld. Und das darfst und solltest du auch.

Ich vermute sogar, du weißt insgeheim schon, welches Thema es bei dir ist. Vielleicht hast du so wie Julia eine Coachingausbildung gemacht, einfach just for fun und dann festgestellt, wieviel Freude du daran hast, anderen zu helfen. Du wirst angefragt, immer wieder zu einem bestimmten Bereich. Und sagst gerne zu. Du kannst wirklich helfen und wirst weiterempfohlen, vielleicht schon ohne, dass du je gesagt hättest, dass dies dein Business sei.

Mach dein Brainstorming, schreibe alles auf und entscheide dich für deine Zone of Genius.

Hier nochmal die unterstützende Übung in Kürze:

- Mache ein Brainstorming, schreibe alle Themen auf, die dir wichtig sind
- Frage Freunde und Familie, worüber du häufig sprichst
- Was interessiert dich, wozu liest du beispielsweise automatisch immer die neuesten Berichte?
- Schreibe jedes Thema auf einen einzelnen Zettel und bilde Themenfelder
- Finde pro Themenfeld einen Überbegriff
- Wähle einen Überbegriff als deine Zone of Genius. Sie sollte deine Leidenschaft mit deinem Wissen und deinen Erfahrungen verbinden und sich gut für dich anfühlen.

Was willst du wirklich, wirklich tun? Worin hast du schon Erfahrung gesammelt, egal auf welche Weise? In welchem Bereich siehst du vielleicht sogar Dinge, die anderen nicht auffallen?

DAS ist deine Zone of Genius!

Kapitel 5

Erzähle dich

Write Your Origin Story

Deine Zone of Genius hat immer einen ziemlich guten Grund. Dahinter liegt eine Geschichte. Und genau diese gilt es nun zu finden und zu erzählen. Durch diese Geschichte schaffst du eine Verbindung zu deinen möglichen Kund*innen und kannst deine Geniezone einbinden.

Wusstest du, dass in unserem Gehirn die Erinnerung im gleichen Zentrum sitzt wie die Emotionen? Das bedeutet, wenn wir eine Information mit Emotionen verbinden, dann lässt sich diese besser merken. Das heißt, du brauchst Geschichten bzw. ein passendes Storytelling. Denn das ist so machtvoll, weil es Gefühle weckt und mit Fakten verbindet. Eingewoben in einen Weg, den eine Person gegangen ist, eine Geschichte, die sie bestimmt und zudem gemacht hat, wer sie ist, kann ich mir viel besser merken, was sie genau tut und wofür sie steht.

Wenn du viel auf Social Media liest oder dir Über-mich Seiten anschaust, dann kannst du schnell auf den Gedanken kommen, dass eine Origin Story eine Erfolgsstory sein muss. Und wenn gefühlt überall alle nur die tollsten Erfahrungen und Transformationen hingelegt haben, dann kann das ganz schön verunsichern.

Hier ist die Wahrheit: Keine dieser Geschichten bringt die passenden Kund*innen. Es sei denn, du willst mit Menschen arbeiten, die sich als Opfer sehen. Sie werden auch bei solchen Geschichten zu Opfern eines shiny object syndroms. Meistens sind dies Menschen, die verzweifelt sind und nach dem letzten Strohhalm greifen. Menschen, die oftmals ganz andere Hilfe nötig haben, bevor sie zu dir kommen.

Was ich lesen will und was mich dir nahe bringt, ist deine Tiefe. Ich will wissen, dass du genau das durchgemacht hast wie ich. Ich will sehen, dass du eine von uns bist. Ich will mich dir zugehörig fühlen. Oftmals zweifeln wir genau an diesen Geschichten, verstecken sie oder schämen uns für unsere eigene Unperfektheit, für die Fehler, die wir gemacht haben, für unser Unwissen, für das Auf-die-Nase-Fallen und all die Wunden und Verletzungen, die wir uns dabei geholt haben und die in den meisten Fällen auch noch nicht gänzlich verheilt sind.

Vielleicht hast du diese Geschichte schon mal im Ansatz geteilt und Kritik oder kritische Nachfragen einstecken müssen. Das Gleiche kann dir passieren, wenn du mit voller Inbrunst eine Haltung teilst, die dir wichtig ist - und Gegenwind bekommst. Jetzt denkst du, du hältst dich lieber mit deinen Aussagen zurück, erzählst nicht so viel davon, denn das macht dich ja angreifbar.

Aber die Menschen, die deine Kund*innen werden und sind, feiern dich genau aufgrund dieser Geschichte, aufgrund dieser Haltung. Sie sind genau deswegen bei dir oder kommen zu dir. Du bekommst die meisten Reaktionen, wenn du genau diese Haltung und Geschichte teilst. Und du willst diese Reaktionen und diese Sichtbarkeit. Denn nur so wirst du zur anerkannten Expertin und kannst dich etablieren. Die Menschen haben diese Story von dir, mit der sie dich verbinden und genau wissen, was du tust. Sie erinnern dich, weil sie ein Gefühl für dich haben.

Erinnerst du dich an die Geschichte von Rachel Rodgers? Sie war durch das Verhalten der Männer in dieser Mastermind tief verletzt. Sie dachte, sie schafft es nicht ohne diese Art von Unterstützung. Sie fühlte sich fehl am Platz und ungenügend. All diese Gefühle und noch viele weitere finden Eingang in ihr Buch. Dadurch ist ein sehr authentisches Werk entstanden, eines meiner Lieblingsbücher und gleichzeitig ein Bestseller.

Deine Authentizität will und darf gelebt werden. Es ist nicht das, was dir durch andere auferlegt und erwartet wird. Es ist wie auch schon deine Zone of Genius das, was tief in dir liegt und dich ausmacht.

Ein Bestseller kannst du auch im Business sein, wenn du von den Momenten erzählst, aus denen Ideen und Entscheidungen entstanden sind. Und meistens sind das die nicht so schönen Momente. Ich habe noch nie etwas davon gehört, dass eine Person ein superduper Leben geführt hat und dann etwas grundlegend verändert wurde, sie ihre Berufung gefunden hat o. Ä. Nein, es sind immer schwere Zeiten, aus denen die größten Geschichten resultieren.
Jene Geschichten, die Menschen berühren und die sie brauchen, um sich dir nahe zu fühlen.

Im Klartext: Erzähle nicht die 100k-Geschichte, erzähle die Von-0-zu-100k-Geschichte und lege den Fokus auf die 0.

Welche Situation oder welcher Moment, welche Momente haben dich zu deinem Business oder deiner Business-Idee geführt? Was war der wesentliche Punkt, dich hierfür zu entscheiden? Es gibt immer eine ganz besondere und oft eben auch emotionale Background Story, die dich hierzu geführt hat. Etwas, das richtig weh getan hat und du dachtest: „Nein! Ich will das nicht mehr!" Von hier aus hat die Veränderung in Hinwendung zu deinem Thema, deinem Business ihren Lauf genommen.

Meine Klientin Su stammt aus Haiti. Mädchen werden bzw. wurden in ihrer Kindheit dort weniger wertgeschätzt als Jungs. Sie machte diese Erfahrungen am eigenen Leib, hatte aber auch ein ganz großartiges Vorbild durch ihre Mutter und Großmutter: Ihre Mutter war die erste Frau der Familie, die zur Universität ging. Das war zu dem damaligen Zeitpunkt noch verpönt und als sie den Wunsch äußerte, wurde er ihr sofort abgeschlagen. Nein, sie solle doch lieber Kochen lernen! Ihr Großmutter aber half ihr, sich heimlich an der Universität anzumelden, schob Extrastunden, um das nötige Geld zusammen zu bekommen und gab ihr Deckung. War die Mutter an der Uni, sagte die Großmutter, sie sei bei einer Freundin oder einem Kochkurs.

Su hat ganz nah und direkt erfahren, wie es ist, wenn Frauen führen und sich gegenseitig unterstützen. Sie weiß, dass so Großes möglich ist. Sie hat den Mut und die Unterstützung miterlebt und ist nun unter anderem als Coach für Frauen in Führung tätig. Genau hierzu schreibt sie ihr erstes Buch.

Su war zuerst unsicher, ob die Details der haitianischen Kultur und ihrer eigenen Kindheit zu persönlich seien. Mir als Leserin - und dir gegebenenfalls auch - gibt ihr damit verbundener Schmerz, als Frau weniger wertgeschätzt zu werden, die Grundlage und Tiefe, um zum einen die Geschichte über ihre Mutter zu verstehen und zum anderen zu wissen, warum sie tut, was sie tut. Ich kann tausendprozentig nachvollziehen, warum es für sie so enorm wichtig ist, Frauen in Führungspositionen zu unterstützen. Ich kann ganz klar nachfühlen, warum ihr Herz dafür schlägt. Ich spüre diese Verbindung und weiß instinktiv, wie gut sie darin ist. Denn sie wird aufgrund ihrer Geschichte immer ihr Bestes geben, mir als Frau in leitender Position zu helfen.

Noch viel tiefer geht Glennon Doyle in ihrem Buch Ungezähmt. Dort teilt sie ihre Geschichte, wie sie von der Alkoholikerin erst zur verheirateten Frau und Mutter wurde - fast wie aus dem Bilderbuch -, dann aber feststellte, dass das nicht ihr Leben ist. Sie verliebte sich schließlich in eine Frau und krempelte ihr Leben um. In ihrem Buch geht es aber um viel mehr, viele sehr klar skizzierte Gedanken zu einer Gesellschaft, die gerade Frauen in Rollen presst. Sie teilt ihre Philosophie und Haltung, die gegen alle Konventionen spricht - und durch die ihre Geschichte so eindringlich und nachvollziehbar wird, dass es weh tut. Das Buch wurde nicht nur gefeiert, es hat auch viele kontroverse Kritiken bekommen. Vermutlich gerade weil Glennon Doyle sich patriarchale Strukturen ansieht und detailgenau darstellt, was daran warum ungesund ist - was sie selbst krank und unglücklich gemacht hat. Gleichzeitig hat sie frenetische Fans, vor allem Frauen, die ihr dankbar für all diese Gedanken sind, ihre Geschichten und das Beispiel, das sie sich an ihr nehmen können. Frauen, die verstehen, was mit ihnen passiert ist und ihr Leben frei gestalten wollen, fernab von Stigmata, Erwartungen und Rollenklischees. Das ist auch das Ziel von Glennon Doyle mit diesem Buch gewesen. Ihr Ziel ist Inspiration und Veränderung. Nicht jede Person ist bereit für Veränderung, vor allem wenn sie so grundlegend ist. Das zeigt sich in den Kritiken zu diesem Buch. Gleichzeitig trennt Doyle so die Spreu vom Weizen. Sie holt diejenigen zu sich, die bereit sind, denen aber noch das Beispiel für den nächsten Schritt, das letzte Quäntchen Mut fehlt.

Egal, was und wen du in deinem Leben ansprechen und erreichen willst: Deine Origin Story ist dein größter Pluspunkt, der dich von allen anderen unterscheidet. Deine persönlichen Beweggründe, deine Geschichte, die deine Haltung, Ansichten und Entscheidungen ausmachen, bringen zu dir, wer zu dir kommen soll. Sie schaffen Mut und Veränderung durch Beispielcharakter. Sie verbinden dich mit deinen Fans und Kund*innen. Wenn du dich als DIE Expertin etablieren und abheben willst, dann erzähle sie!

Du kannst dir dazu auch ein Beispiel an meiner Story nehmen, die ich in Kapitel 2 mit dir geteilt habe. Du siehst an meinem Beispiel auch, dass persönliche Geschichten von diesem Charakter nicht immer gleich ganz private sein müssen und dennoch emotional mitnehmen können.

Erinnere dich zurück, teile wichtige Momente und verbinde sie zu dem, was dir wichtig ist, worin du wirken willst und wo deine Zone of Genius liegt.

Alles, was wir uns bis hierhin angeschaut haben, hat zu 90 Prozent mit innerer Arbeit zu tun, die viele Menschen (verständlicherweise) gerne skippen. Denn diese Details zu definieren und aufzuschreiben, erfordert Ehrlichkeit zu dir selbst und die kann manchmal ganz schön Angst machen. Schnell sind wir in alten Glaubenssätzen und reden uns beispielsweise ein, dass unsere Zone of Genius auf keinen Fall das sein kann, womit wir Geld verdienen. Das dachte ich lange auch, nicht nur im Hinblick auf Bücher an sich, sondern auch im Hinblick aufs Lesen. Mit Bücherlesen Geld verdienen? Das wäre ein Traum! Dachte ich. Heute mache ich im Prinzip genau das, denn meine Hauptaufgabe ist das Lesen und Feedbacken. Träumchen, oder? Ich liebe es. Und genauso kannst auch du deine Aufgaben finden, die dir am meisten

Freude bereiten und hundertprozentig in deiner Zone of Genius liegen. Sei daher anders und nimm diese innere Arbeit an. Denn im Folgenden machen wir deine Ergebnisse daraus nun endlich dingfest und gießen sie in ein (erstes) Angebot!

Kapitel 6

Entwickle dein Angebot

Develop Your Offer

Da stehen sie, die Bestseller in den Regalen der Buchhandlungen. Andere Buchcoaching-Plattformen machen sogar Werbung á la „Schreib deinen Bestseller in 6 Wochen.“ Der Traum einer jeden Autorin - oder?

Viele Verkäufe sind schön, klar. Aber bringen sie dir wirklich das Geld und das sichere Einkommen, das du dir wünschst?

Schauen wir uns dieses Versprechen mal vom Nahen an:

Ein Taschenbuch kostet zwischen 8 und 15 Euro. Davon gehören dir je nach Veröffentlichung zwischen ca. 10 Prozent (bei Verlagsbüchern) und ca. 60 Prozent (bei unabhängiger Veröffentlichung), also zwischen 80 Cent und maximal 7,50 pro Buch. In Deutschland gilt ein Buch als Bestseller, wenn es um die 100.000 mal verkauft wurde, ganz genaue Zahlen gibt es hierfür nicht. Doch bis ein Buch diese Zahlen erreicht hat, ist es oft ein langer Weg. Gute Kriminalromane bringen es vielleicht auf 10.000 Verkäufe. Du kannst dir ausrechnen, wie viel Geld bei dir landet, von dem du Steuern und Co. zahlst. Und wir sprechen hier noch von

Krimis, einem der am besten laufenden Genres schlechthin.

Das Einkommen, das du rein mit Buchverkäufen machst, ist daher zum einen nicht vorhersehbar und zum anderen nicht unbedingt ein nachhaltiges. Denn selbst von 75.000 Euro (10k verkaufte Bücher zu 7,50 Euro pro Stück) kannst du nicht bis zur Rente leben. Dies bietet dir kein sicheres Netz und doppelten Boden.

Bevor eine Autorin Bestsellerzahlen erreicht, hat sie sich meistens schon einen Namen gemacht und eine entsprechende Reichweite. Und es macht überhaupt nichts, wenn das bei dir nicht der Fall ist. Denn du musst keinen Bestseller schreiben, um dir ein Einkommen als etablierte Expertin aufzubauen. Ganz im Gegenteil: Ein Buch baut deinen Status als etablierte Expertin auf und bringt dir so das entsprechende Einkommen. Diese Bestseller-Manie ist lediglich das nächste shiny-object-Manifest, weil Menschen darauf leider anspringen und es sich so für die Buchcoaches besser verkaufen lässt. Aber auch sie können dir weder versprechen, dass dein Buch ein Bestseller wird, noch macht es wirklich Sinn, dein

Buch nach vermeintlichen Bestseller-Regeln auszurichten.

Denn das Problem, auf das solche Buchcoaches nicht hinweisen: Ein Bestseller bedient einen Massenmarkt. Er ist somit ein Massenprodukt und damit nicht speziell für deine Zielgruppe geschrieben. Ich zeige dir in den kommenden Kapiteln noch, wo und warum diese besonders wichtig ist. Für jetzt reicht die folgende Vorstellung: Je breiter der Markt ist, denn dein Buch bedient, desto allgemeiner musst du in deinem Buch werden. Du kannst somit weniger spezifische Probleme lösen und das Ganze geht mehr in Richtung Standardwerk. Warum ist das ein Problem? Weil es davon tatsächlich schon sehr viele gibt. Hier wird es für dich schwieriger, dich hervorzutun, da die vorderen Ränge oft schon besetzt sind. Bist du hingegen spezifischer, zielgerichteter, dann hast du eine reale Chance, mit deinem Thema auch gesehen zu werden.

Was du brauchst, ist kein Bestseller - was du brauchst, ist ein Angebot! Denn dieses steht am Ende deines Buchfunnels. Das konkrete Angebot bringt dir das Geld und vor allem dein zeitliches wie finanzielles Investment fürs Buch mehrfach wieder aufs Konto zurück. Es ist in Zusammenspiel mit einem Funnel zudem sehr viel nachhaltiger. Du kannst länger davon profitieren.

Du brauchst somit eine konkrete Dienstleistung, die du anbieten und verkaufen kannst. Und dieses Angebot solltest du haben, bevor du dein Buch veröffentlichst.

Deine Dienstleistung ist viel wertvoller als der einzelne Buchverkauf. Du wirst dafür nicht nur 15 oder 20 Euro nehmen, sondern etwas im dreistelligen oder vierstelligen Bereich (oder mehr, je nachdem). Ein Onlinekurs kann zum Beispiel bei 500 Euro liegen, das sind rund 33 Buchverkäufe gegen einen verkauften Onlinekurs. Eine 1:1 Dienstleistung ist sehr viel hochpreisiger und gerade, wenn du noch kein Angebot hast, die am leichtesten anzubietende Variante.

Entscheide dich zunächst für ein Angebotsformat

Du entscheidest dich zuerst für die Form deines Angebots. Das kann das eben schon genannte 1:1 sein, ein Gruppenangebot oder ein Onlinekurs. Es können somit auch Aufzeichnungen sein, die du zum Verkauf anbietest. Es gibt unter den eben genannten drei Angebotstypen die unterschiedlichsten Variationen. Wichtig ist, dass du auch hier wieder in deiner Zone of Genius bist und in dem Bereich, in dem du dich siehst.

Das 1:1 ist deshalb so einfach, weil du dafür nicht viel mehr als dich und deine Expertise brauchst. Es kann einfach eine Stunde mit dir sein, eine Strategie-Session zum Beispiel. Oder ein Paket aus zwei Sessions, in denen etwas Bestimmtes passiert - ein bestimmter Bedarf oder ein bestimmtes Thema abgedeckt wird.

Für ein Gruppenprogramm oder einen Onlinekurs braucht es mehr Vorbereitung und Material. Dafür kannst du es mehrfach verkaufen oder sogar komplett skalieren und automatisieren. Vielleicht hast du bereits eine Menge Material, aus dem sich leicht ein solches Angebot machen lässt.

Der Einfachheit halber würde ich immer den ersten Schritt in deinem Angebot abbilden, den deine Kund*innen machen müssen, und von hier ausgehend dein Angebot weiterentwickeln.

Mach es dir leicht und frag auch bei deinen Interessent*innen nach, welche Fragen sie sich stellen, was genau sie für Probleme und Wünsche haben. Nicht alles davon wird Sinn machen, aber wie Sigrun, Europas No. 1 Business Mentorin sagt: „Sell them what they want and give them what they need!"

„Verkaufe ihnen, was sie wollen und gib ihnen, was sie brauchen."

Du bist die Expertin und weißt daher oft viel besser als deine potenziellen Kund*innen, was wichtig für sie ist. Oftmals haben sie aber zu Beginn eine ganz andere Vorstellung, was sie haben wollen. Wenn du kommst und sagst: „Du brauchst aber xyz, um dein Ziel zu erreichen.", werden sie den Kopf schütteln und sagen, danach hätten sie nicht gesucht - obwohl ihnen genau das bei ihren eigentlichen Problemen geholfen hätte.

Nutze daher die Worte deiner Interessent:innen. Dafür kann es sehr hilfreich sein, Testangebote herauszugeben. Such dir über dein Netzwerk, Social Media und Co. Testkund*innen, die dir im Anschluss ein klares Feedback geben. Zeichne ihre Worte auf und verwende diese auch in deinem Marketing. Gleichzeitig testest du so, ob dein Angebot

1. überhaupt angenommen wird und

2. du mit deinen Kund*innen das erreichst, was du erreichen möchtest.

3. Außerdem hast du so erste Beispiele und Testimonials, die du auch in deinem Buch verwenden und davon erzählen kannst.

Mach deine Erfahrungen mit diesem Angebot. Testkund*innen nehmen auch viel Druck aus dem Verkaufsthema und du hast schnell erste Erfolge.

Nochmal: Mach es dir leicht! Du darfst an dieser Stelle ganz viel ausprobieren und wieder verwerfen.

Testen, scheitern, entwickeln, erfolgreich sein

Entscheide dich für ein Format und was dieses enthält. Hast du dich für ein 1:1 Angebot entschieden, sind neben zwei 1:1 Stunden ggf. noch Worksheets enthalten oder Videos, die du zur Vorbereitung bereitstellst. Kreiere eine kurze Outline deines Angebots, gib diesem einen sexy Titel (dabei kann dir übrigens Chat GPT super helfen) und teste es direkt. Mach daraus keine Raketenwissenschaft und halte dich nicht allzu lange mit den Details auf. Dein Angebot muss nicht perfekt sein, es muss da sein. Denn wenn kein Angebot da ist, kannst du auch nichts anbieten und verkaufen.

Es ist ganz normal, Zweifel diesbezüglich zu haben. Das haben selbst die ganz Großen zu Beginn gehabt:

„Ich hatte eine Menge Zweifel, die man als Ängste bezeichnen könnte. Ich habe viel zu viel nachgedacht und gehofft, dass mir diese fantastische Geschäftsidee in den Schoß fallen würde, vielleicht unter der Dusche. Ich habe immer auf andere Leute geschaut, und ich denke, das ist gefährlich. Wir sehen jemanden, der ein fantastisches Geschäft hat, und denken, das will ich auch. Aber wir sind alle auf unserem eigenen Weg." - Sigrun, https://sigrun.co/origin-story-path-to-8-figures/, abgerufen am 6.9.2023.

Du wirst dein Angebot immer weiter entwickeln und so auch besser und selbstsicherer werden. Je besser du wirst, desto mehr Geld kannst du dafür nehmen. Du bleibst somit nicht an diesem ersten Punkt stehen und deswegen ist es auch gar nicht nötig, dass es perfekt ist. Im Gegenteil: Du kannst es nur besser machen durch die Erfahrungen, die du damit sammelst. Wenn du ins Blaue hinein rätst, was deine potentiellen Kund*innen brauchen, verfehlst du vermutlich das Ziel.

Gleich für dieses erste Angebot die perfekte Webseite erstellen zu wollen, bevor du es auch nur einmal ausprobiert hast, wäre vergebene Liebesmüh, wenn du es doch eh im Anschluss weiter entwickelst. Folge daher lieber dem Rat von Rachel Roger:

„Launch it dirty!"

Leg los und arbeite mit deinen potentiellen Kund:innen, ohne dabei perfekt sein zu wollen. Dabei kann der Gedanke helfen, dass du das Ganze machst, um besser zu werden. Mach dir Notizen, was gut klappt und was nicht. Was die Leute wollen, was nicht. Was sich für dich in deiner Zone of Genius gut anfühlt, und was nicht. Entwickle dein Angebot mit diesen Erkenntnissen weiter.

Wie bepreise ich mein Angebot?

Beim Finden des Angebots stellt sich oft noch die Frage nach dem Preis. Gerade wenn du am Anfang stehst, hast du vielleicht eher die Tendenz, niedrig anzusetzen. Das ist okay - solange du nicht bei den niedrigen Preisen bleibst.

„Es ist ein Irrglaube, dass niemand bei dir kaufen wird, wenn deine Preise zu niedrig sind. Natürlich gibt es ein Problem, wenn du schon eine Weile im Geschäft bist und immer noch zu niedrige Preise hast! Aber wenn du am Anfang stehst, entwickelst du deinen eigenen Wert gerade erst und stellst diesen unter Beweis." - Sigrun, https://sigrun.co/how-set-raise-prices-online-business/, abgerufen am 6.9.2023.

Teste somit ruhig deine Preise und schau, ob und wie du dich damit wohl fühlst. Wichtig ist, dass du dich nicht dauerhaft unter Wert verkaufst, wenn du eigentlich schon mehrere Jahre Erfahrungen gesammelt hast.

Denise Duffield-Thomas hat ihr Business vor allem über und durch Bücher aufgebaut und du kannst an diesen sehr schön sehen, wie ein Buchfunnel funktioniert. DDT, wie sie sich selbst nennt, hat so lange Zeit ein einziges Programm gefüllt und Millionenumsätze gemacht. Das war aber auch nicht von Anfang an der Fall und ist es übrigens bei niemandem. Auch sie hatte zu Beginn so ihre Probleme beim Bepreisen:

„Oh mein Gott - was soll ich im ersten Jahr berechnen?! Das war SO schwer, weil ich so viele grundlegende Geldvorstellungen hatte und darauf wartete, dass mir jemand einfach SAGT, was ich berechnen soll. Das kann für manche Unternehmer*innen die größte Hürde sein. Wenn man einen Job hat, hat man normalerweise keine Kontrolle über die eigenen Preise oder die Preise der eigenen Produkte/Dienstleistungen. Plötzlich muss man den cigenen Wert öffentlich darlegen?! SCHRECKLICH!

Die Sache ist die: Egal, was du verlangst, es wird immer Leute geben, die sagen: "Das ist zu teuer", und Leute, die sagen: "Das ist alles? Wow, du bist so billig!". Im wahrsten Sinne des Wortes - jeder einzelne Preispunkt von zehn Dollar bis zu Tausenden. (Es gibt jemanden, der gerade einen Millionenscheck für Tony Robbins ausstellt und sagt: "Wow, ich dachte, es wäre viel teurer!"). Im ersten Jahr musst du einfach einen Preis festlegen und damit zurechtkommen. Ich habe mich umgesehen, was andere Leute verlangten (zwischen 80 und 150 Dollar) und mich für 75 Dollar pro Sitzung entschieden. Zu dem Zeitpunkt fühlte sich das für mich gut an, und ich konnte es sagen, ohne (zu sehr) zu würgen. Es gibt keine richtige oder falsche Antwort, entscheide dich einfach für einen Preis. Du wirst ihn viele Male ändern, aber irgendwo musst du anfangen.“ - Denise Duffield-Thomas, aus ihrem Newsletter vom 6.11.2022

Setze also einfach einen Preis und weiter geht’s. Das Angebot als Ziel deines Buchfunnels steht nun und bietet dir die Möglichkeit, über die Buchverkäufe hinaus Geld einzunehmen.

Für Testkund*innen kannst du dein Angebot im Tausch gegen ein Testimonial for free rausgeben. So kommst du schnell in die Umsetzung und hast schnell auch das Angebot, auf das dein Buch zulaufen kann - ohne erst verkaufen zu müssen. Was du aber unbedingt tust: Begrenze die Slots! Du willst schließlich nicht auf ewig testen, sondern zügig ins Geldverdienen kommen.

Das Gute an einem 1:1 ist, dass dein Buch beispielsweise in ein Vorgespräch führen kann, sodass das Angebot an sich von dir weiter entwickelt werden kann, ohne dass dies Konsequenzen für dein Buch hätte.

Aber warum ist ein Buch nun eigentlich ein so großartiger Hebel, gerade für dich als Newbie?

Kapitel 7

Finde das perfekte Thema für dein Buch

Narrow Down Your Book Topic

Das Buch hat eine sehr lange Historie. 1440 erfand Gutenberg den Buchdruck, die Bibel ist das meist gedruckte, verkaufte und gelesene Werk. Wer weiß, vielleicht wären die Geschichten der Bibel niemals so verbreitet, wäre diese nicht als Buch erschienen… Das und noch ganz andere Geschichten und Erinnerungen verbinden Menschen mit Büchern - und so auch eine Reihe Emotionen. Du hast bestimmt selbst Erinnerungen an die Bücher deiner Kindheit. Jedes Mal, wenn du eins der Bücher in einem Kaufhaus stehen siehst, erinnerst du dich zurück an diese Zeit. Das ist nur ein Beispiel für die Wertigkeit, mit der ein Buch auch heute noch verbunden wird. Und das ist auch der Grund, warum du ein Buch schreiben solltest.

Ich habe schon sehr häufig von Menschen gehört, die sich nicht trauen, in einem frühen Stadium ihres Businesses ihr Buch zu schreiben, obwohl sie bereits eine Menge Expertise in diesem Bereich besitzen. Sie meinen, sie müssten sich zuerst etablieren, um dann ihr Buch schreiben zu können bzw. es zu dürfen. Was diejenigen unterschätzen, die sich selbst (noch) nicht zutrauen, ein eigenes Buch zu schreiben, ist das Selbstvertrauen in die eigene Expertise, die sie durch das Schreiben entwickeln.

Versteckte Expertise? - Die Geschichte von Louise

Eine meiner ersten Kundinnen war Louise. Als sie in mein Programm The Writing Sessions kam, hatte sie den Traum vom eigenen Buch schon eine ganze Weile. Doch sie war unsicher, ob sie schreiben und es bis zur Veröffentlichung schaffen kann. Zwei Dinge sind in ihrem Prozess bis hin zur Veröffentlichung passiert: Schon während des Schreibens konnte ich bei ihr beobachten, wie sich ihre Expertise immer mehr auch nach außen gezeigt hat. Dazu solltest du wissen, dass Louise knapp 20 Jahre Wissen inkl. diverser Ausbildungen etc. in ihrem Bereich angehäuft hat. Nur war diese noch nicht so sichtbar und sie zunächst in Teilzeit angestellt und in Teilzeit selbständig. Das hat sich mit der Zeit mehr und mehr verändert. Durch das Schreiben hat sie ihre Expertise verfestigt und auch nochmal klar formuliert, warum ihr Thema ihr Thema ist.

Ein Buch zu schreiben hilft dir dabei, dir deine eigene Expertise vor Augen zu führen und so auch mehr und mehr in diese zu vertrauen. Du machst diese im ersten Step für dich selbst dingfest, indem du beispielsweise Argumentationsverläufe zu Ende denkst und ausformulierst. Das hilft später auch dabei, diese in einem Gespräch wieder aufzugreifen und viel klarer und sicherer wiederzugeben. Das wiederum nimmt auch dein Umfeld wahr und du erzielst eine ganz andere Resonanz bei deinem Gegenüber.

Noch vor der Veröffentlichung bekam Louise die Anfrage aus dem Team von Laura Malina Seiler, ob sie nicht dort in der Membership eine Masterclass geben wolle. Kurz darauf erschien ein Interview mit ihr in einem Magazin und sie war zu Gast in einem bekannten Podcast.

Es ist genau umgekehrt: Ein Buch macht dich zur etablierten Expertin. Du entwickelst dich durch das Schreiben dorthin, außerdem verbinden wir mit einem geschriebenen Buch Wertigkeit und Ansehen. Menschen verbinden ein Buch mit Expertise. Du zeigst so, dass du genug weißt, um ein Buch schreiben zu können und dass deine Passion ein Buch oder gar Bücher füllt.

Ich habe für meinen Podcast mit Agnieszka Gaczkowska von OPLOTKI gesprochen. Sie hat ihr Buch veröffentlicht, als sie bereits sehr erfolgreich war mit ihrem Unternehmen und sagt: „Ich hätte es definitiv mindestens zwei Jahre früher tun sollen. Das Buch bringt mir so viel Resonanz. Menschen, die es lesen, wollen auf einmal in meine Kurse kommen, obwohl sie mich vorher nicht kannten." Auch sonst erzeugt das Buch von Agnieszka eine große Aufmerksamkeit, denn egal, wo sie es postet: Sie bekommt Likes und Kommentare, wieder neue Menschen kaufen es. Dabei ist es egal, dass das Buch selbst nicht mehr ganz neu auf dem Markt ist.

Du kannst es immer einsetzen und rundherum dein Marketing spinnen, es online und offline nutzen. Das ist das Großartige daran.

Bei all der Schönheit und Passion ist es wichtig, dich selbst nicht aus den Augen zu verlieren. Du hast dein Angebot und deine Geschichte. Nun geht es darum, diese so in dein Buch einzubinden, dass du dadurch als etablierte Expertin wahrgenommen wirst UND mehr Menschen sich für dieses Angebot auch wirklich interessieren.

Finde den Fokus für ein Business-Buch - Weg vom Standardwerk, hin zum pointierten Alleinstellungsmerkmal

Wenn du eine Leidenschaft für dein Thema hast, dann hast du wahrscheinlich das Gefühl, alles in dieses eine Buch packen zu wollen. Es soll dieses eine Buch sein, in dem alles ist von dir und auf das du immer verweisen kannst. Das wäre gewissermaßen eine Enzyklopädie.

Erinnere dich an das Standardwerk, von dem ich bereits gesprochen habe. Eine Enzyklopädie ist so eines. Finger weg! Dein Buch muss für dich zielführend und vor allem machbar sein. Und dafür braucht es einen klaren Fokus, an dem du dich entlang schreiben kannst. Eine Enzyklopädie zu schreiben, ist mitunter ein jahrelanges, wenn nicht sogar jahrzehntelanges Projekt. Was du aber willst, ist dein Buch möglichst schnell zu veröffentlichen, um dich als Expertin zu positionieren und Geld damit zu verdienen.

Außerdem sprichst du über eine breite Masse nicht unbedingt gezielt deine Zielgruppe an, diejenigen, mit denen du wirklich arbeiten willst und deren Probleme du lösen kannst. Die oder der Einzelne fühlt sich von einem enzyklopädieartigen Werk nicht angesprochen und in ihren oder seinen Problemen gesehen. Denn was passiert, wenn du breit schreibst: Du wirst zu beliebig. Schreibst du hingegen fokussiert, hast du die Möglichkeit, in genau diesen Fokus tief einzutauchen, deine Zielperson direkt anzusprechen und wirklich auf ihre Probleme einzugehen. Im Prinzip kannst du es dir wie bei einer Ansprache vorstellen. Wenn du vor mehr als zehn Leuten sprichst, wird es schwierig, alle Personen gleichzeitig direkt anzusehen. Bei einer einzelnen ist das wesentlich leichter.

Das hast du im Grund auch schon in Kapitel 4 gelernt, in dem du deine Zone of Genius definiert hast. Fokus, Klarheit und Spezifika sind es am Ende, die dein Buch zum Expertinnenbuch und dich zur etablierten Expertin machen. Wenn du tief reingehst in dieses eine Thema, zeigst du, dass du es beherrschst und genau weißt, wovon du sprichst.

Deine gesamte Expertise passt nicht in ein einziges Buch

Ich persönlich glaube auch, dass du gar nicht all deine Expertise in ein einziges Buch packen kannst. Dafür ist diese schon zu viel, zumal du dich kontinuierlich weiterentwickelst.

Achte lieber auf die Tiefe, in der du die Dinge beschreibst und betrachtest. Alles, was darüber hinausgeht, kannst du sammeln und für weitere Bücher benutzen. Das Schöne, wenn du dich gegen die Enzyklopädie und für ein fokussiertes Buch entscheidest, ist: Du kommst leichter durch und kannst direkt mit dem nächsten loslegen. Gerade erfolgreiche Businessmenschen wie Denise Duffield-Thomas, Veit Lindau, Gabrielle Bernstein oder Tijen Onaran haben mehr als ein Buch geschrieben. Sie splitten ihre Expertise auf und setzen in jedem Buch einen anderen, weiteren Fokus.

Ich will, dass du weißt, dass es leicht für dich sein darf, dein Buch zu schreiben. Und das wird es genau dann, wenn du einen Fokus hast, an dem du dich entlang schreibst und hier in die Details jeweils tief einsteigen kannst.

Finde die eine Frage, die du durch dein Buch beantwortest

Dein Fokus wird bestimmt durch deine Zielperson und die eine Frage, die du diesem Menschen in deinem Buch beantwortest. Um diese eine Frage zu finden, schaust du dir deine Zielperson ganz genau an: Wer ist sie? Warum kauft sie dein Buch? Was wünscht sie sich, was will sie erreichen/erleben/verändern? Wo kommt sie her und wo will sie hin?

Es geht hier um die tiefen Bedürfnisse dieses Menschen, einen ganz bestimmten Antrieb, aus dem heraus jemand etwas schaffen oder lernen will. Das beschreiben zu können und unter die Oberfläche abzutauchen, ist das, was dich am Ende durch dein Buch bringen wird.

Nicht nur, weil diese Frage deine Struktur bestimmt, sondern auch, weil du selbst unter die Oberfläche tauchen und schreiben kannst. Du behandelst die Themen nicht mehr oberflächlich, sondern hast die Möglichkeit, dich in ihnen zu zeigen.

Uns selbst zu zeigen, eigene Haltungen aufzuschreiben und das, was uns wichtig ist, bringt uns nicht nur das Vertrauen, welches wir durch ein Buch aufbauen wollen - es bringt uns auch etwas anderes ganz

Wichtiges, das wir brauchen, um unser Buch wirklich zu Ende zu bringen: Freude.

Denn da ist noch etwas, das ich dir über Louise erzählen möchte: Es gab ein paar Wochen, in denen mit ihrem Buch nicht viel passiert ist. Private Gründe, bei denen es auch absolut nachvollziehbar ist, wenn gerade alles andere stehen und liegen bleibt. Nichtsdestotrotz habe ich sie daran erinnert, dass sie schon lange diesen großen Traum vom eigenen Buch hat - und immer wieder Situationen von außen kommen werden, die sie nicht beeinflussen kann. Was sie beeinflussen kann, ist, wie sie selbst darauf reagiert. Und ich will dich genau so wie Louise darin bestärken, dass du auch in Zeiten, die sich gerade weniger leicht anfühlen, immer bei dir und deinen Träumen bleiben darfst. Denn das Beste, was du in solchen Phasen tun kannst, ist für dich zu sorgen und trotzdem weiterzugehen - und sei es erstmal in ganz kleinen Schritten, bis die großen wieder möglich sind.

Louise hat es geschafft, sie hat sich kurz darauf wieder hingesetzt, weitergeschrieben und festgestellt, dass ihr gerade das Schreiben über die Bereiche, die ihr wichtig sind und ihr Freude bereiten, unheimlich gut tut. Wir brauchen also den sweet spot und den Fokus, um uns aus uns selbst heraus immer wieder motivieren zu können. Egal, was gerade um uns herum passiert.

Finde zu Beginn diese eine Frage und beantworte sie durch dein Buch. Es wird dir Kund*innen bringen! Du baust so tiefes Vertrauen in dich und deine Expertise auf. Menschen haben das Gefühl, dich zu kennen und das brauchst du, um dauerhaft dein Angebot zu verkaufen. Dabei musst du dir übrigens keine Gedanken darüber machen, ob Menschen nur das Buch kaufen und dann gar keinen Bedarf mehr an deinem Angebot haben. Es bleibt ein Buch und ein Buch kann nicht auf Nachfragen antworten. Die individuelle Betreuung, Dienstleistung oder Support bleiben in deiner Arbeit. Das Gleiche gilt für die konkrete Umsetzung: Durch das Lesen eines Buches sind noch lange nicht die Tipps umgesetzt. Dafür benötigt es mehr wie zum Beispiel konkrete Aufgabenstellungen, die Woche für Woche gegeben und besprochen werden. Wer ein Buch liest, ist erstmal nur interessiert. Und das ist okay. Wer es ernst meint und loslegen will, kauft deinen Kurs oder kommt in dein 1:1.

Kapitel 8

Deine starke Buchstruktur

Create A Powerful Book Structure

Ein großer Irrglaube, wenn es ums Buchschreiben geht, ist übrigens die Sache mit der Kreativität - oder unserer Annahme, was Kreativsein bedeutet und wie es zu funktionieren hat. „Ich will einfach schreiben und sehen, was kommt." Struktur und einen Plan zu haben, werden oftmals als hinderlich für den kreativen Fluss gesehen.

Jay Shetty beschreibt in seinem Buch Das Think like a monk Prinzip sehr treffend, warum genau diese Annahme nicht stimmt und sogar hinderlich ist: Kreativität braucht Leitlinien, um dich an ein bestimmtes Ziel zu bringen. Kreativität ohne Leitlinie endet im Chaos. So ist es auch beim Schreiben. Menschen versuchen immer wieder einfach loszuschreiben - und vielleicht hast du selbst auch schon einmal daran gedacht, dir deinen Laptop zu schnappen, dich in ein Café zu setzen und einfach die Gedanken, die kommen, aufzuschreiben. Doch was ist, wenn keine Gedanken kommen? Und was ist, wenn sie kommen, sie aber nichts mit deiner Buchidee zu tun haben?

Ohne Vorüberlegungen und eine konkrete, detaillierte Strategie kann dein Buch genau das werden, was du eigentlich nicht willst: ein jahrelanges Projekt. Denn nur wenn du weißt, wo du am Ende herauskommen willst, wenn du weißt, was die Schritte dorthin sind und diese klar definierst, dann erreichst du auch dein Ziel. Ich kann dir aus eigener Erfahrung sagen: Du willst nicht vor einer leeren Seite sitzen! Der größte Auslöser für Schreibfrust, den ich kenne, ist genau dieser. Das leere Blatt Papier und die Gedanken: „Was schreibe ich jetzt? Wie fange ich damit am besten an?" Du musst viel nachdenken, bevor du ins Schreiben kommst und weißt dann noch nicht mal, ob es zielführend ist.

Deswegen mache bitte immer eine Struktur. Und zwar eine detaillierte. Das kostet weder viel Zeit noch schränkt es dich in deiner Kreativität ein. Du musst ihr nicht immer chronologisch folgen, sie ist flexibel und sie wird sich mit hundertprozentiger Sicherheit auch im Schreibprozess verändern.

Die Struktur ist deine Freundin! Sie sagt dir immer, was dran ist und lässt dich nie mit einer leeren Seite alleine. Durch sie weißt du, was du schreiben kannst. Und egal, ob du chronologisch schreibst oder springst, kannst du dir mit ihrer Hilfe sicher sein, dass du immer im Sinne deines Buches schreibst - und nicht am Ende komplett daneben liegst und Extrarunden drehen musst.

Die Struktur ist der Schritt, bei dem die Magie passiert. Sie ist der wesentliche Grund, aus dem du sehr viel Zeit sparst und deswegen ist sie auch der absolut letzte Schritt, an dem du sparen solltest. Es kostet Zeit, keine Struktur zu haben. Und gerade weil sie veränderlich ist, geht es auch sehr schnell, sie zu erstellen.

Der Struktur gehen dabei immer strategische Überlegungen und ein Brainstorming voran, was alles in dein Buch könnte, welche Themen du abdecken, welche Geschichten du erzählen kannst. Hier geht es um die Kreativität. Denn die geht nie verloren. Nein, sie darf immer da sein. Sie muss nur im Anschluss sortiert und organisiert werden, damit sie dir auch etwas bringt. Mach diese Sammlung und lege sie dann erstmal beiseite, um dich deiner Buchstruktur zu widmen.

Deine Strategie hast du übrigens schon größtenteils angelegt in deinem Angebot und deiner Ausrichtung. Du kannst ihr noch einen Funnel hinzufügen, indem du dir eine kostenfreie Ergänzung zu deinem Buch überlegst, die du später in dein Schreiben einbindest und die zudem zu deinem Angebot passen sollte. Zu dieser Ergänzung führt dann eine URL, auf der sich deine Leser*innen diese im Tausch gegen ihre Mail-Adresse downloaden können. Deine Orientierung und dein Fixpunkt ist nun aber zunächst immer die eine Frage, die du deiner Zielperson durch das Buch beantwortest. Anhand dieser Frage kreierst du zunächst drei Schritte, durch die sie zur Beantwortung der Frage kommt. Was ist der erste Schritt, was muss die Person zuerst tun oder verstehen, um in der Folge die Frage beantworten zu können? Was ist der zweite und der dritte Schritt zur Beantwortung dieser Frage?

Nun nimmst du wieder deine Sammlung zur Hand und sortierst die Themen und Geschichten zu den Schritten. Sei ehrlich und sortiere auch aus, wenn etwas nicht passt. Mach dir dazu einen Ordner oder ein Dokument, das du Rausschmiss nennst. So sind die Themen gefühlt da und abrufbar und nicht einfach weg. Wird ein Schritt zu groß, schau dir die Themen darunter nochmal an und teile ihn ggf. in zwei Schritte. Dann fügst du noch ein Vorwort/Einleitung und ein Schlusskapitel hinzu.

Wenn ich mit meinen Autorinnen Strukturen entwickle, schau ich mir an, welches Problem ihre Zielgruppe hat und welche eigene Geschichte sie mit ihrem Thema verbindet. Das hast du beides schon für dich getan. Eine Beschreibung des Problems und deine eigene Geschichte bzw. Erfahrung dazu gehört an den Anfang deines Buches. Von hier aus löst du Schritt für Schritt das eine Problem und beantwortest die eine Frage. Das Schlusskapitel ist etwas offener und kann sich auf den einleitenden Part beziehen, sodass dein Buch schön abgerundet ist. Du kannst hier nochmal eine Zusammenfassung deines Buches machen. Es ist aber auch der beste Ort, um deine große Vision von einer besseren Welt aufzumachen: Was wäre, wenn alle, die dieses eine Problem haben, dein Buch lesen und es lösen würden? Wie sieht die Welt dann aus? Was ist dein Wunsch, wie die Welt sich verändert? Hier ist großes Denken erlaubt.

Zeig die ideale Welt, für die du losgehst und das, was du durch dein Buch bewirken willst. In diesen Schritten und einem entsprechenden Schlusskapitel liegt die Kraft einer wirklich sinnvollen und durchdachten Struktur.

Wenn ich mit meinen Autorinnen Strukturen erarbeite, achte ich auf den logischen Aufbau dieser Schritte, die Übergänge der Kapitel und darauf, dass sich meine Autorin selbst nicht vergisst. Das kommt häufiger vor, als gedacht! Oft frage ich gerade zu Beginn: „Okay, alles schön und gut - aber wer warst du jetzt gleich genau?" Du selbst bist ein wichtiger Faktor im Buch, denn ich will als Leserin wissen, wer mir all das hier gerade erzählt. Nur so habe ich Vertrauen und folge dem Geschriebenen. Ich brauche ein Gefühl für dich. Und du brauchst dieses Gefühl umgekehrt von mir, denn nur so kann ich im Sinne deines Business-Buches Vertrauen zu dir aufbauen und mit dir arbeiten wollen.

Die Struktur muss machbar sein, verständlichen Mehrwert und Vertrauensaufbau abbilden. Gerade die Machbarkeit war anfangs auch die große Schwierigkeit von Janina. Sie hat bereits so viel Wissen im Bereich Psychologie und Heilung, dass es ihr schwerfiel, hier eine Linie reinzubekommen. Bei der gemeinsamen Erstellung ihrer Struktur haben wir die eine Frage anhand ihrer Zielperson definiert. Ich gehe dann erstmal die drei Schritte, bevor ich über mögliche Einstiege ins Buch spreche. Bei Janina ist es vor allem modernes traumatherapeutisches Wissen, das sie durch ihr Buch weitergeben will. Und daher erzählt sie zu Beginn ihres Buches, warum wir dieses gerade jetzt brauchen. Sie zeigt, warum das Thema relevant ist und worin sich das erkennen lässt. In ihrem Fall sind das vor allem die unterschiedlichen und viel gehypten Praktiken wie Glaubenssatzarbeit, Manifestation usw., die aber gerade bei Traumata oft nicht helfen und Menschen verzweifeln lassen, weil sie nicht funktionieren. Die Zielperson von Janina soll am Ende wissen, dass es nicht an ihr liegt und was sie wirklich braucht, um ihren individuellen Veränderungsprozess zu vollziehen und tiefliegende Blockaden aufzulösen. Dafür schickt Janina sie im ersten Schritt los, sich selbst einmal zu erkennen und zu verorten. Der erste Schritt ist ganz oft genau diese Standverortung. Die Zielperson muss erstmal wissen, wo sie überhaupt steht, bevor sie sich auf den Weg zu einem Ziel machen kann. Im zweiten Schritt geht es darum, dieses eben verortete Selbst zu verstehen und zu schauen, welche Gründe zum Beispiel hinter bestimmten Blockaden stecken können. Denn erst das Verstehen gibt der Person in diesem Fall die Möglichkeit, genauer hinzuschauen und dann im dritten Schritt die jeweils passenden Maßnahmen zu ergreifen und den Veränderungsprozess in Kraft treten zu lassen. Dies ist aber nur durch die vorangegangenen Schritte möglich, in denen die Person sich selbst erkannt und verstanden hat. Von hier aus schaut Janina nochmal auf das, was sich verändern kann, wenn alle Menschen mit diesem Problem ihre Ansätze kennen und anwenden würden. Was wäre, wenn die Methoden Eingang in psychologische Beratung und Medizin finden würden?

All diese Schritte haben wir aufgeschrieben und in Stichworten die Inhalte der einzelnen Kapitel skizziert. So ist ganz klar, was wohin gehört und Janina sieht auf einen Blick, was sie schreiben kann. Nachdem sie lange Zeit gar nichts geschrieben hatte, konnte sie mit Hilfe der Struktur in nur vier Wochen ihre ersten 20 Seiten schreiben.

Wir haben uns diese nochmal gemeinsam angeschaut und bereits bei diesem ersten Durchgang hat sich die erste Struktur wieder verändert. Janina hat durchs Schreiben erkannt, dass sie an bestimmten Stellen eine andere Reihenfolge braucht oder weitere Details beschreiben will. Doch zu diesem Schritt kommst du nur, wenn du anfängst zu schreiben, denn im Schreiben denkst du die Dinge zu Ende. Das funktioniert bei der reinen Strukturerstellung nicht. Daher bin ich auch

Verfechterin einer schnellen Strukturerstellung. Mehrere Monate mit der reinen Organisation des eigenen Buches zu verbringen, ist nicht zielführend. Es ist besser, dies schnell zu tun, um schnell ins Schreiben zu kommen. Eine langwierige Strukturarbeit, in der jeder kleine Pups durchdacht und abgewogen wird, ist falscher Perfektionismus und kann dir schon vorher die Lust am Schreiben nehmen. Du siehst bei dieser Arbeit noch kein Buch vor dir, wohingegen das Schreiben genau das für dich macht: Du kannst dein Buch erst durchs Schreiben wachsen sehen. Es entsteht vor deinen Augen. Und diese Motivation brauchst du, um weiterzumachen und fertig zu werden.

Eine schnelle Struktur ermöglicht dir den schnellen Start ins Schreiben und so auch, binnen drei Monaten deine Rohfassung einmal durchzuschreiben. Überarbeitung und Co. folgend. Du brauchst immer zuerst das Material, die Inhalte, um sie zum fertigen Manuskript zu machen. Das ist es, was die meisten vergessen, die ihr Buch niemals veröffentlichen: das Schreiben.

Let's get started!

Im Workshop + Kurs Structure to success lernst du, wie du eine starke Buchstruktur in wenigen Stunden so gestaltest, dass du damit den gesamten Workaround inkl. Schreiben und Zeitplanung für dein Buch mit kreierst.

Mit dem Code **EXSPR1.0** erhältst du einen Dankeschön-Rabatt.

Hier findest du alle weiteren Informationen:

Kapitel 9

Schreibe das Buch, das deine Expertise unterstreicht

Write A Book That Establishes Your Authority

Alles, was ich dir hier mitgebe, erleichtert dir dein Schreiben und so deinen Weg.

Denn du kannst und willst dir auch nicht ewig Zeit lassen, um diese wichtigen Grundlagen für dein Business zu legen. Du willst zügig deine Expertise ins rechte Licht rücken, sodass daran keine Zweifel mehr aufkommen und wenig Überzeugungsarbeit nötig ist, richtig? Schauen wir uns das mal in der Praxis an:

Ich durfte in meinem Podcast Business & Books mit Dr. Claudia Nichterl sprechen. Sie ist die führende Expertin im Bereich Integrale Ernährung und hat über 30 Bücher veröffentlicht. Ihr erstes dreht sich rund um das Thema der 5 Elemente Küche, die zum Zeitpunkt der Veröffentlichung jedoch noch niemand kannte. Deswegen nahm der Verlag das Thema damals nur als Untertitel. Heute kennt die 5 Elemente Küche fast jede*r. Genauso ging es Claudia mit ein paar anderen Themen. Sie sagt, sie hat durch ihre Bücher auch immer ein Stück weit ihre Vorreiterinnenrolle gezeigt und eine Marke gesetzt. Heute führt sie ein Business im siebenstelligen Bereich. Da sie sich auf diese Weise als Expertin etabliert hat, sind die Leute auch bereit, mehr Geld für ihre Kurse etc. auszugeben. Ich kann genau diesen Wandel auch bei den Autorinnen sehen, die bei mir veröffentlichen. Nur dafür musst du eben auch veröffentlichen und darfst nicht mehrere Jahre ins Land gehen lassen, bis das Buch überhaupt geschrieben ist. Perfektionismus ist hier fehl am Platz und der Feind des Guten, wie im englischsprachigen Raum gesagt wird.

Du erinnerst dich an Julia? Sie hat ein Jahr in meiner E-Mail-Liste verbracht, bevor sie sich getraut hat, in mein Programm The Writing Sessions zu kommen. Sie hat dort ihre Struktur erstellt und in 12 Wochen das Buch geschrieben, das sie ein Jahr lang vor sich hergetragen hat. Nur dreimal pro Woche hat sie im Programm jeweils zwei Stunden geschrieben, weil sie aufgrund der Struktur sehr fokussiert war. Weitere drei Monate später hat sie ihr Buch veröffentlicht. Genau zum richtigen Zeitpunkt, denn ihr Thema Emotionen im Arbeitsbereich ist aktueller denn je. Eine andere bekannte Person hat nur eine Woche zuvor ihr Buch zu einem ähnlichen Thema herausgebracht - Julia war darüber zuerst fast verzweifelt, aber ich habe ihr gesagt: Nein, Julia! Du hast es genau richtig gemacht! Du hast jetzt die Möglichkeit, auf diesen Zug aufzuspringen und alles mitzunehmen und zu kommentieren, was diese Person und andere posten werden! Und du hast im Gegensatz zu anderen, die sich jetzt auf einmal mit dem Thema beschäftigen, ein Buch geschrieben. Und die anderen werden es lesen.

Hätte Julia es nicht gewagt, dann wäre der Zug an ihr vorbeigefahren. Und genau das ist der Grund, weshalb es immer besser ist, mit einem Projekt durchzukommen, es zu machen und abzuschließen, statt ewig damit zuzubringen.

Ich weiß, wie schwer das vor allem Debütautorinnen fällt, die noch nie ein Buch geschrieben haben. Das alles von Beginn an perfekt sein muss, ist schlicht und einfach ein weiterer Mythos. Du veröffentlichst ja nicht sofort, wenn du einmal mit dem Schreiben durch bist. Aber du musst einmal durchkommen, um dein Material zu haben und es überarbeiten zu können.

Perfektionismus hindert dich genau an diesem Durchkommen. Oftmals liegt hinter diesem Perfektionismus ein Mangel an Selbstvertrauen in einem bestimmten Bereich. Wenn du zum ersten Mal ein Buch schreibst, dann ist es normal, dass du hin und wieder zweifelst. Es ist fast bei jeder neuen Sache so, die wir angehen, dass wir uns fragen, ob wir es richtig machen. Die Kunst ist dann, nicht zu viel nachzudenken, nicht zu prokrastinieren, indem wir uns Videos auf Youtube übers Buchschreiben ansehen. Sondern das weiterzumachen, was wir uns vorgenommen haben und die Dinge zu tun, die uns auch wirklich zum Ziel führen. Beim Buchschreiben gibt es daher nur eine Sache, die du tun musst: Schreiben.

Wenn du deine Struktur einmal hast, dann ist dein nächster Schritt, die erste Version deines Buches einmal von vorne bis hinten durchzuschreiben, möglichst ohne zwischendurch zu überarbeiten. Das klingt ein bisschen wahnsinnig, ja. Aber du brauchst diese Rohfassung und du brauchst auch diesen Erfolg, dein Buch wachsen zu sehen. Das gibt dir die Motivation, fertig zu werden.

Die Rohfassung brauchst du, weil du so im Schreiben genau sehen wirst, was wo passt und wie das Ganze am Ende aussieht. Überarbeitest du schon vorher, kann es dir zu einem späteren Zeitpunkt passieren, dass du Teile, für die du schon so viel Zeit aufgebracht hast, am Ende wieder rausnimmst oder komplett umschreibst. Also nochmal: Schreib die erste Version durch, ohne zu viel darüber nachzudenken! Ständig zwischendurch zu überarbeiten, statt weiterzuschreiben, ist in diesem Sinne eine Form von Prokrastination. Ab und zu ist das okay, aber bitte kein Dauerzustand.

Meiner Autorin Nina ging es ähnlich zu Beginn von The Writing Sessions. Nina ist selbst im Bereich Copywriting zuhause und hat einen sehr hohen Anspruch an sich selbst und ihre Texte. Schon das Vorwort war eine Herausforderung, an der sie zunächst zwei Wochen hängen blieb. Ich motivierte sie, das Vorwort liegen zu lassen und weiter an dem zu schreiben, worin sie sich sicher fühlte. „Sei nicht so hart zu dir selbst, du hast später noch genug Zeit für die Überarbeitung!", sagte ich zu ihr.

Denn die Sache ist die: Zwei Wochen an ein und derselben Sache herumzudoktern ist frustrierend und hält deine Energie fest. An solchen Punkten brechen Leute ab und schreiben nicht weiter, obgleich sie gerade erst angefangen haben. Ihnen kommt so schon das ganze Vorhaben falsch vor und zu schwer. Dabei hätten sie einfach nur den einen Teil überspringen oder sich erlauben müssen, unperfekt zu sein.

Launch it dirty? Write it dirty!

Es interessiert zu Beginn wirklich niemanden, wie gut deine Texte sind. Aber für dich ist es wichtig, dass da etwas steht. Dass sich deine Seiten füllen und du erkennen kannst, dass gerade dein Buch entsteht. Dass du es wirklich schaffst.

Nina hat erstmal mit Kapitel 1 weitergemacht und schaffte es, in einem unserer Co-Writings in zwei Stunden zehn Normseiten zu schreiben. So ein Erlebnis gibt wieder Aufschwung, es zeigt: Hey, geht ja doch! Das hat sie motiviert, in Woche 11 einen selbst gewählten Sprint einzulegen und 40 Normseiten zu schreiben. Sie wusste durch diese Erfahrung, dass es möglich ist und sie gar nicht so viel Zeit braucht, sondern einfach das fokussierte Schreiben.

Um dein Buch nutzen zu können, muss es da sein. Damit es da ist, muss es geschrieben und veröffentlicht werden. Es gibt genau zwei Zutaten, die dich dorthin bringen, und das sind Struktur und Accountability. Du brauchst dein Buch weder 24/7 schreiben, noch dauert es Jahre bis zur Veröffentlichung.

Das unterscheidet am Ende DIE Expertin Claudia Nichterl von anderen: Sie schreibt ihre Bücher binnen weniger Wochen und hat ganz bestimmt keine Angst mehr vor einer Veröffentlichung - ganz im Gegenteil. Bei mehr als 30 Büchern soll erstmal jemand kommen und gleichziehen. Das wird verdammt schwer!

Zögere daher nicht schon bei deinem ersten Buch. Schreibe deine erste Rohfassung mit Hilfe deiner Struktur durch. Im Anschluss machst du eine Überarbeitung. Vielleicht beruhigt dich das ein bisschen, denn natürlich wird die Rohfassung nicht direkt veröffentlicht - es sei denn, du bist zufrieden damit! Nur wenige Menschen sehen, was du im ersten Anlauf geschrieben hast. Stell dir vor, du willst aus Ton eine Vase formen. Zuerst brauchst du das reine Material, den Ton. Dieser Klumpen sieht noch nicht schön aus, nein, aber du brauchst ihn, um daraus etwas zu machen. Der Ton ist deine Rohfassung, die du in der Überarbeitung zu einer Vase formst.

Wenn du nach diesem Prinzip vorgehst, dann reicht es, wenn du zwei- bis dreimal pro Woche je zwei Stunden schreibst. Dann hast du nach 12-16 Wochen deine Rohfassung fertig.

In der Überarbeitung gehst du alles nochmal durch. Du machst Anmerkungen und ergänzt, was noch fehlt. Du schreibst gewisse Teile um oder änderst eine Reihenfolge. In der Überarbeitung erst geht es darum, das Buch abzurunden und die Rohfassung zu einem guten Buch zu machen. Das Schöne ist, wenn du mit Strategie und Struktur die Rohfassung schreibst und diese fertig ist, geht die Überarbeitung meistens sehr leicht und schnell. Du kannst aufgrund deiner Texte sehen, was wohin muss und wie du es schreiben oder verändern kannst, damit es ins Gesamtbild passt. Deswegen ist dieser erste Durchlauf so wichtig, da du nur so das große Ganze sehen kannst.

Für ein Co-Autorin Projekt habe ich ein recht umfangreiches Kapitel geschrieben, das mir zunächst nicht stimmig schien. Dennoch habe ich weitergeschrieben und Teile, bei denen ich mir unsicher war, ob sie an der jeweiligen Stelle passen, erstmal dort gelassen und mir farbig markiert. Für die Überarbeitung habe ich mir alle Seiten ausgedruckt. Das mache ich immer, denn so bekomme ich ein Gefühl für das Buch als Printprodukt. Ich hatte wirklich meine Sorgen und dachte, ich müsste noch viel machen. Letztendlich konnte ich aber beim Lesen sofort sehen, wo die einzelnen Teile hin müssen, notierte es mir am Rand, schob alles zurecht und war nach einem halben Tag mit der Überarbeitung fertig. Das Kapitel war anders als befürchtet doch sehr gut geworden und hatte einfach nur eine andere Sortierung innerhalb gebraucht. Das konnte ich während des Schreibens nicht sehen, weil ich zu sehr im Text drin war. Es ist oft so, dass dir vieles in dem Detail, in dem du dich gerade befindest, noch nicht gut vorkommt, es aber später im Zusammenhang passt. So etwas siehst du erst, wenn es da ist, wenn etwas eingebettet ist in das große Ganze, das es einmal werden soll.

Auch bei der Überarbeitung gilt: Mach keine Raketenwissenschaft daraus. Mein Kunstlehrer hat einmal zu mir gesagt: „Ein Bild ist nie wirklich fertig." Das gilt auch für ein Buch. Du entscheidest, dass es fertig ist, indem du einfach nicht weiter daran arbeitest. Auch bei der Überarbeitung ist Perfektionismus fehl am Platz. Was ich von meiner Business-Mentorin gelernt habe und immer wieder höre, sobald ich mit erfolgreichen Unternehmerinnen wie Dr. Claudia Nichterl spreche: Wer macht, hat Erfolg. Ich ergänze: Wer macht und fertig wird, hat Erfolg.

Dein Buch wird deine Expertise untermauern, es wird dich in deiner Vorreiterinnenrolle zeigen. Aber nur dann, wenn du auch dazu bereit bist, es unperfekt zu Ende zu bringen und zu veröffentlichen. Wenn du dich nicht ablenken lässt und einen Blick nach links und rechts wirfst, aus Unsicherheit vielleicht, die dich am Ende noch mehr zweifeln lässt.

Vorreiterin und DIE Expertin bist du dann, wenn du dein Thema so rausbringst, wie du es siehst - und nicht wie andere es sehen oder schon gesehen haben. Ich habe immer wieder mal Autorinnen bei mir, die meinen, sie müssten sehr viel recherchieren und verzweifeln dann fast, weil all die anderen doch noch dies und jenes gesagt haben und das müssten sie doch jetzt auch noch ins Buch reinschreiben. Nein. Schreib dein Buch zuerst aus deinen eigenen Erfahrungen heraus. Mach dir an den Stellen eine kurze Notiz, an denen du etwas nachschauen und eine Quelle einbringen willst und musst. Diese Stellen gibt es, aber du kannst sie nachtragen. Sie müssen dich nicht im Schreibfluss stoppen und du bist auch nicht Richard David Precht, der ein Thema interessant findet und es neu recherchiert und philosophisch auflegt (und dabei übrigens auch jede Menge Fehler macht). Dein Buch und vor allem dein erstes Buch bringt deine Expertise zusammen - und diese hast du bereits. Bis auf ein paar Ergänzungen ist es daher möglich, dein Buch so durchzuschreiben.

Du weißt bereits, was du schreibst, du kannst erzählen, was du schreibst. Alles andere sind Selbstzweifel. Und ich will dich hier ermutigen, diesen keinen Glauben zu schenken. Das ist übrigens auch etwas Wunderschönes im Prozess des Buchschreibens, was ich bei vielen meiner Autorinnen sehen kann: Durch das Schreiben des Buches wachsen sie in ihre Expertinnenrollen hinein. Sie schreiben auf, was sie wissen, bringen all das zusammen und merken, dass sie bereits so vieles wissen und mitbringen, was ihnen vorher nicht in dieser Form bewusst war. Sie denken ihre Erfahrungen zu Ende und entwickeln im Schreiben eine Haltung dazu. In der Folge fällt es ihnen leichter, diese Expertise auch in Gastauftritten in den Medien wiederzugeben, ihren Content entsprechend zu gestalten, weil sie bereits im Buch alles so gesagt haben, wie sie es wirklich meinen und sagen wollen. Durch das Buch, das sie als Expertin nutzen, werden sie selbst auch zu einer großen und selbstsicheren Expertin.

Kapitel 10

Wähle die richtige Editorin für dein Buch

Pick The Right Editor For Your Project

The struggle is real.

Dieses Gefühl kommt während des Schreibens garantiert. Ob am Anfang, in der Mitte oder am Ende. Stell dich einfach darauf ein, dass irgendwann der Moment kommt, in dem du zweifelst. Nicht nur ein bisschen, sondern ziemlich stark. Wird das etwas, bin ich gut genug, schaffe ich das Ganze und wird es jemand lesen?

In Filmen und in der bildenden Kunst wird das Schreiben oder auch die Tätigkeit der Schriftstellerin gerne als romantisches Kammerspiel dargestellt, in dem die schreibende Person allein in ihrem Zimmer sitzt, früher an einer Schreibmaschine, heute am Laptop, am besten noch bei Kerzenschein vor sich hin tippt. Daraus hat sich irgendwann die fixe Vorstellung entwickelt, um ein Buch zu schreiben, könne man sich einfach drei Monate Auszeit nehmen, auf eine einsame Insel fahren und dort alles zu Ende bringen.

Das ist jedoch ein komplett falsches Bild, das nicht der Realität entspricht. Natürlich ist das Schreiben an sich zunächst etwas, das du selbst tust. Doch spätestens, wenn es auf die Überarbeitung und Veröffentlichung zugeht, arbeitest du mit einer Editorin (engl. für Herausgeberin, Bearbeiterin oder Lektorin) oder einer Mentorin. Im deutschsprachigen Raum kennst du vielleicht die Begriffe Lektor*in oder hast so etwas wie Korrektorat und Buchcoach/Schreibcoach schon einmal gehört. Ich will an dieser Stelle kein großes Fass zu diesen unterschiedlichen Begriffen aufmachen, weil diese sehr unterschiedlich ausgelegt werden können und auch ich meine eigene Definition habe, weshalb ich beispielsweise nicht den Begriff Buchcoach nutze (nur für meine SEO) und mich als Business-Buch Mentorin positioniert habe. Der Einfachheit halber spreche ich daher an dieser Stelle von der Editorin, die alle wichtigen Skills vereint.

Wozu ist eine Zusammenarbeit mit dieser gut? Nun, drehen wir das Ganze einmal um: Dein Buch ganz alleine zu Ende zu bringen bedeutet, dass nur du es gelesen hast. Und das ist keine gute Idee! Du selbst hast einen eigenen Blick auf deine Expertise und dein Schreiben und steckst dort sehr tief drin. Das geht der Person, die es lesen soll, nicht so - und gerade für dieses Verständnis ist es wichtig, dir Unterstützung zu holen. Denn dein Buch repräsentiert am Ende dein

Business. Kurz gesagt: Ein Buch ist nie ein Soloprojekt, ganz im Gegenteil.

Ich stelle immer wieder fest, dass angehende Debut-Autor*innen viele Details nicht kennen, über die sie erst im Verlauf stolpern und ihnen somit gar nicht so bewusst ist, was für ihr Buch wichtig ist - ergo was eine Editorin tatsächlich macht.

Wir haben bereits darüber gesprochen, dass ein Buch eines der wenigen Medien ist, das nach wie vor Vertrauen genießt, aufbaut und Wertigkeit vermittelt. Verschenke die Vorzüge nicht einfach leichtfertig, sondern sorge dafür, dass das auch so bleibt, wenn Menschen dein Buch kaufen und lesen. Schließlich steckst du selbst auch einiges an Zeit in dieses Projekt - und vor allem dein Herz und Wissen.

Eine Editorin liest dein Buch professionell auf Konsistenz und Verständnis und gibt dir je nach Spezifikation noch weitere Tipps. Ich wende beispielsweise zusätzlich die Business-Brille an und schaue, ob die Beispiele, das Storytelling usw. gut und sinnvoll sind.

Zudem sollte deine Editorin möglichst auch die weiteren Schritte kennen, die noch folgen. Denn je nach Veröffentlichungsform brauchst du ggf. noch weitere Unterstützung neben deiner Editorin.

Dein Buch nicht ganz alleine zu beginnen, zu schreiben oder zu Ende zu bringen, ist emotional gesehen eine enorme Entlastung. Ich habe es schon oft erlebt, dass Menschen lange davon träumen, ihr Buch zu schreiben und dann anfangen, aber schnell wieder abbrechen. Nicht, weil sie nicht fähig wären, sondern weil immer wieder Unsicherheiten hochkommen. Jemand, der oder die das eigene Buch fertiggestellt hat, hat das nie ohne Unterstützung getan. Sei es, um den Schreibstil zu verbessern, strategisch vorzugehen oder die ganzen Brainfucks zu überstehen, die auf dem Weg immer mal wieder auftreten.

Die wenigsten Autorinnen haben alle wichtigen Skills direkt im eigenen Portfolio. Vor allem dann nicht, wenn sie zum ersten Mal ein Sachbuch schreiben und veröffentlichen. Macht auch nichts, denn im Prinzip brauchst du nur deine Expertise und Erfahrungen. Du kennst dich aus in deinem Bereich, hast deine

Geschichten dazu. Für alles Weitere kannst du dir Unterstützung holen in Form besagter Editorin.

Und nur, um auch das gesagt zu haben: Es ist vollkommen in Ordnung, dir Unterstützung zu holen.

Ein Buch nicht nur zu schreiben, sondern auch zu veröffentlichen auf eine gute Weise, das ist am Ende ein Marathon und es hat einen Grund, warum es viele nicht schaffen. Die erfolgreichsten Business-Mentorinnen haben selbst eine Business-Mentorin, die sie anleitet. Ich habe selbst mit einer Buch-Mentorin für dieses Buch zusammengearbeitet. Die Zusammenarbeit schärft die Perspektive auf das Projekt. Während du dich alleine oftmals verrennst, ob jetzt Buch oder Business, hat eine Person, die diesbezüglich mehr Erfahrung hat als du, einen ganz anderen Blick, geht zum Beispiel strategischer an die Sache, um dich zum Erfolg zu führen. Die Person nimmt die Vogelperspektive an Stellen ein, an denen wir diese selbst nicht einnehmen können, weil wir zu tief in die eigene Suppe abtauchen.

Wichtig bei der Wahl deiner Unterstützung sind dabei zwei Bereiche: Zum einen die Professionalität deiner gewählten Editorin, zum anderen das Einfühlungsvermögen in dich und dein Buchprojekt.

Professionell heißt, dass die gewählte Person Ahnung von dem hat, was sie macht und selbst den Weg, den sie dir anbietet, gegangen ist.

Natürlich ist es reizvoll, Textteile von einer guten Freundin gegenlesen zu lassen und es mag auch sein, dass sie gute Rechtschreibskills hat. Aber es geht bei deinem Buch um mehr als das. Du willst es für dein Business einsetzen und entsprechend braucht es bestimmte Elemente, die hierfür wichtig sind. Eine professionelle Editorin weiß genau das und wird dir auch sagen, wenn du deine Texte an bestimmten Stellen ergänzen solltest, eventuell tiefergehen oder nochmal etwas genauer oder einfacher erklären kannst. Sie hat entsprechende Storytelling-Skills - diese sind gerade bei einem Business-Buch wichtig. Das wird gerne übersehen, da das Element des Erzählens uns eher aus der Belletristik geläufig ist. Aber du willst zum einen, dass jede*r deine Gedanken nachvollziehen kann und dein Buch zudem gerne zu Ende liest. Dafür ist eine gewisse Unterhaltsamkeit wichtig. Außerdem liegt auch im Erzählen wieder das, was wir für ein Business-

Buch brauchen: das Aufbauen von Nähe und Vertrauen durch Emotionen.

Bei deiner Freundin kann es passieren, dass sie einfach alles toll findet - oder dir Tipps gibt, die in eine falsche Richtung führen. Nicht böswillig, sondern weil sie es einfach nicht besser weiß.

Reine Professionalität kann dazu führen, dass dein Buch am Ende zu sachlich und distanziert ist. Wenn ich von Einfühlungsvermögen spreche, dann ist das etwas, was eine gute Freundin hoffentlich hat - aber die passende Editorin hat diese für dich IN deinem Buch. Sie sieht auch deine Unsicherheiten, so oder im Text, und hat Vorschläge für dich, mit diesen umzugehen und sie umzuformulieren. Sind beide Bereiche erfüllt, hast du zum einen das Gefühl, in der Zusammenarbeit gesehen zu werden, Fragen zu stellen und Unsicherheiten äußern zu können. Zum anderen bekommst du professionelle Unterstützung bei deinem Buch an sich. Auch das gibt enorm viel Sicherheit. Mit einer professionellen Editorin zusammenzuarbeiten heißt nicht, dass diese deine persönlichen Blockaden auflöst. Das ist nicht ihre Aufgabe. Es heißt viel mehr, dass sie viele Unsicherheiten, die während des

Buchprozesses (für den sie die Expertin ist) aufkommen können, sehr genau kennt und dir sagen kann, was nun zu tun ist und wie sie oder auch andere Kund*innen diese überwunden - oder überstanden haben. Darüber hinaus kennt sie alle wichtigen Abläufe und hat ein Gespür für authentisches und zielführendes Erzählen.

Was somit wichtige Tipps sind, um die richtige Editorin für dich und dein Buch zu finden, ist nach Personen zu schauen, die bereits das gemacht haben, was du vorhast. Personen, die wesentliche Skills, aber vor allem Erfahrungen haben, die für dein Vorhaben wichtig sind.

Mit Skills sind hierbei Fähigkeiten und Kenntnisse gemeint. Wichtig ist in erster Linie, dass die Person deine Sprache ebenfalls als Erstsprache spricht. Sie kennt sich dadurch auch in bestimmten Sprachgebräuchen, Wortwitzen oder Sprichwörtern aus, die Fremdsprachler oft nicht kennen und auch schlicht nicht dasselbe Sprachgefühl entwickeln können. Dazu zählt auch die Möglichkeit, schon von früh an Bücher gelesen zu haben, eine emotionale Verbindung zu der Schönheit der Erstsprache zu besitzen und durch das Lesen von entsprechenden Büchern auch die historische Entwicklung emotional und intuitiv verinnerlicht zu haben. Jemand, der oder die wie ich Literatur in der Erstsprache studiert hat, kennt dann auch Formulierungen, die so heutzutage im Alltag nur noch wenige Menschen nutzen, die aber in einem Buch an bestimmten Stellen Sinn machen oder einfach ein Stilmittel sein können. Weiterhin sollte die Person wissen, worauf es sprachlich ankommt, z. B. nicht allzu lange Sätze zu schreiben, Wortdopplungen zu vermeiden usw.

Mit Erfahrungen ist darüber hinaus der ganze Prozess gemeint. Ich weiß, dass es Buchcoaches oder Mentor*innen gibt, die noch ganz am Anfang stehen. Klar, jede*r fängt mal an. Das Mindestmaß in der heutigen Zeit ist, wenigstens ein eigenes Buch veröffentlicht zu haben. Das zeigt, dass die Person den Prozess mindestens einmal selbst erlebt und erfolgreich beendet hat. Sie kennt die Abläufe und weiß, welche Hürden es geben kann. Nur dann kann sie dir die oben genannten weiteren Schritte mitgeben und weiß, welche Unterstützung du ggf. noch benötigst. Je mehr Bücher, desto besser!

Als ich mein erstes Buch veröffentlicht habe, war das eher aus dem Bauch heraus: Ich habe meine Masterarbeit als Fachbuch herausgegeben. Dankbar ist auch, dass der Verlag einen guten Support hatte und ich durch meine Professoren ein Korrektorat hatte. Trotzdem wäre mein Literaturverzeichnis fast unvollständig gewesen - ich hatte die wichtigsten Texte hinten nicht erneut genannt, was den Prüfern zum Glück nicht aufgefallen war. Beim zweiten größeren Buch ging es dann schon viel mehr zur Sache. Bei diesem habe ich die meisten Fehler gemacht und gleichzeitig am meisten gelernt. Ich habe gerade in den Abläufen zum Ende so viel falsch gemacht! Das führte dazu, dass ich 2500 Euro für einen fehlerhaften Druck bezahlt und gelernt habe, dieses Buch dennoch zu verkaufen. Daraus hat sich letztlich ein Prozess in der Überarbeitung ergeben, den ich genauso selbst anwende und weitergebe, weil ich weiß, dass dieser in weniger Zeit zu einem besseren Endergebnis führt. Das wüsste ich ohne diese Veröffentlichung nicht. Dadurch, dass ich schon vor meinem Business als Buch-Mentorin selbst als Autorin lange Zeit tätig war, habe ich insgesamt mehr als zehn eigene Bücher veröffentlicht (dieses ist mein 12tes), bald 15 Jahre Schreiberfahrung und 10 Jahre

Veröffentlichungserfahrung gesammelt. Diese waren da, bevor ich meine erste 1:1-Kundin hatte. Wie gesagt: Das ist nicht bei allen der Fall - und das muss es auch nicht. Gerade die Kund*innenerfahrungen zu sammeln ist oftmals eine Herausforderung, wenn man am Anfang steht: Ein Buch braucht Zeit. Bist du Business-Mentorin, gibst du dein 1:1 für vier Wochen und bekommst dein Testimonial, beim Buch musst du warten, bis deine Kundin veröffentlicht hat, um sagen zu können: Das ist das Ergebnis meiner Arbeit. Du kannst dir vorstellen, wie erleichtert und stolz ich war, als das nach etwa einem Jahr Mentoring bei mir endlich zum ersten Mal der Fall gewesen ist.

Darüber hinaus ist es je nach Buch wichtig, dass die Person sich auf den Menschen konzentriert, mit dem sie arbeitet - also in diesem Fall auf dich - und es ihr Anliegen ist, für dich das Beste aus dem Projekt herauszuholen. Und das kann auch mal bedeuten, dass sie dir klare Ansagen macht, sie sollte dich aber nie verurteilen oder herabwürdigen. Wenn du so etwas erlebst, dann brich die Zusammenarbeit sofort ab!

Eine Beschreibung, die ich von meiner Business Mentorin Sigrun gelernt habe, ist tough love. Es kommt immer darauf an, was für ein Typ du bist, aber eine Person, die an deinem Erfolg interessiert ist, wird nicht zulassen, dass du dir selbst einredest, nicht gut genug zu sein oder dir auf der Nase herumtanzen zu lassen, wenn es um deine Träume geht. Sie wird dich immer auf eine gute Weise dazu bringen, am Ende doch zu tun, was du noch nie getan hast, Mut zu haben und endlich den einen Schritt mehr in die Richtung zu gehen, in die du gehen willst. Sie wird dir sagen, was nicht gut war, wie du es verbessern kannst - und dich bitten, es mit diesem Wissen jetzt nochmal zu machen und so letztlich zur besten Version deiner selbst zu werden. Sie wird im Bezug auf dein Buch darauf achten, dass es dich zeigt und das, was dir wichtig ist. Sie wird dich ermutigen, dich zu zeigen und dir sagen, dass du keine Angst davor haben musst. Sie wird dir Tipps geben, wie du dich noch mehr und besser einbringen kannst. Und sie wird dich anfeuern, wenn es endlich soweit ist und dich und dein Buch feiern, als sei es ihr eigenes.

Goldene Regeln, um die richtige Editorin auszuwählen:

- Sprache beachten - Spricht die Person die Sprache deines Buches als Erstsprache?

- Erfahrungen anschauen - die eigenen Bücher der Editorin und die ihrer Kundinnen, sofern es welche gibt.

- Nach Testimonials oder Ähnlichem suchen - Wie sieht die Interaktion mit Kundinnen aus? Werden deren Werke präsentiert und wie werden sie präsentiert?

- Veröffentlichte Bücher anschauen - Gefallen dir diese und gehen sie in eine Richtung, die dir auch für dein Projekt zusagt?
- Kostenfreies oder niedrigpreisiges Angebot testen, sofern es eins gibt - zum Beispiel in Form eines Erstgesprächs, eines Online Workshops, Kurses oder Ähnlichem.

- Entscheidung treffen!

Good Habits

Mit diesen Eigenschaften wird es ganz leicht, eine Editorin zu engagieren und gut mit ihr zusammenzuarbeiten. Denn auch du als Kundin hast eine Reputation.

Bei einer Zusammenarbeit in diesem Bereich ist Folgendes wichtig:

Ich sehe die Person, für die ich mich entscheide, immer als die mit der Expertise und so auch mit der längeren Nase. Das heißt nicht, dass ich immer alles so machen muss, wie sie es sagt und dass ich alles gut finden muss, aber ich respektiere ihre Erfahrung und höre ihr zu. Ich stelle viele Fragen, ich äußere Zweifel auf eine wertschätzende Weise. So ist dafür gesorgt, dass auch Meinungsverschiedenheiten klargehen und man gut weiter miteinander arbeiten kann.

Überleg dir, was dir selbst in einer Zusammenarbeit wichtig ist: Ist es Zuverlässigkeit, eine rechtzeitige und ehrliche Kommunikation? Dann achte darauf, dass du selbst diese auch lebst. Schau dir an, ob die Editorin dazu ggf. etwas schreibt, zum Beispiel in ihren AGB oder auf ihrer Über-mich-Seite. Ansonsten frag vor einer Buchung nochmal nach, um dir sicher zu sein, dass diese Werte übereinstimmen.

Ein absolutes No-Go ist übrigens das Ghosten: Das bedeutet, dass du beispielsweise ein Erstgespräch hattest, die Person hat dir ein Angebot geschickt und du dich daraufhin nie wieder meldest - auch nicht auf Nachfrage. Damit verbrennst du jede weitere Möglichkeit, doch noch zusammenzuarbeiten. Antworte ihr ehrlich und stelle auch in Aussicht, wenn ein späterer Zeitpunkt passen könnte. Das würdest du umgekehrt auch wollen - oder? Denn es kann ja sein, dass du am Ende doch diese Person am überzeugendsten und ihr Angebot am passendsten findest. Bei einem Ghosting ist es fast unmöglich, zu einem späteren Zeitpunkt mit einem guten Gefühl zu buchen.

Eine ehrliche und rechtzeitige Kommunikation ist auch in der Zusammenarbeit wichtig: Sag mindestens 24 Stunden vorher Bescheid, wenn du Termine nicht einhalten oder Texte nicht liefern kannst. Lass die Person am anderen Ende nicht einfach ins Leere laufen. All das stört eine Zusammenarbeit und ist nicht nötig. Informiere deine Editorin, denn du arbeitest mit ihr an einem wichtigen Projekt über einen längeren Zeitraum zusammen.

Ich halte es daher für wichtig, für eine wertschätzende Grundstimmung zu sorgen und Grenzen zu respektieren. Bei Veränderungen im Ablauf oder

Herausforderungen ist es so viel leichter, diese ehrlich und auf Augenhöhe zu besprechen - und so finden sich auch immer Lösungen.

Kapitel 11

Verstehe deine Veröffentlichungsoptionen

Understanding Your Publishing Options

Hast du dich im Laufe dieses Buches schon gefragt, wie du dein Buch am Ende wirklich herausbringst? Ich würde darauf wetten!

Denn die meisten Fragen, die ich gestellt bekomme, beziehen sich auf genau dieses Thema und werden oftmals dann schon gestellt, wenn es noch gar kein Buch gibt, geschweige denn erste Worte. Die Veröffentlichung eines Buches ist immer noch das große Mysterium und etwas, das angehenden Autorinnen sehr viel Ehrfurcht einflößt, sie vielleicht sogar zurückschrecken lässt.

Die Fragen nach der Veröffentlichung wirken dabei oft wie ein Abklopfen: Ich will ganz genau wissen, wie das geht, ob ich das hinbekomme, sonst schreibe ich nicht. Wenn die Wahrscheinlichkeit, von einem Verlag genommen zu werden, zu niedrig ist, gehe ich gar nicht erst los.

Dabei ist das große Mysterium gar nicht so groß. Nur um das vorwegzunehmen: Du kannst dein Buch auf jeden Fall veröffentlichen. Mittlerweile gibt es zahlreiche Möglichkeiten, dies auf eine professionelle Weise zu tun - auch ohne Verlag oder Agentur. Vom

Selfpublishing hast wahrscheinlich auch du schon mal gehört und eventuell verbindest du es mit eher negativen Assoziationen: fehlerhafte, stümperhaft wirkende Bücher, unseriös, nicht ernst zu nehmen. Zu Beginn des Selfpublishings war es so, dass alle möglichen Leute alles Mögliche veröffentlicht haben - egal wie es aussah, Hauptsache raus damit. Das hängt dieser Form der Veröffentlichung immer noch sehr stark nach, obwohl die Prozesse mittlerweile anders ablaufen und viele der damaligen Hobby-Autor*innen gemerkt haben, dass sich mit solchen Büchern nicht viele Verkäufe machen lassen und die eigene Reputation eher negativ beeinflusst ist. Es kommt dabei vor allem auf deine Herangehensweise und Sorgfalt an, nicht auf die Veröffentlichungsform an sich.

Ich nutze diesen Begriff daher auch nur sehr bedingt und nenne es lieber das unabhängige Veröffentlichen. Zuerst gelesen habe ich dies in der Art bei Joanna Penn in ihrem Buch Geld verdienen mit Schreiben. Das Buch schicke ich den Autorinnen auch immer sehr gerne, die bei mir neu starten, weil es einen ganz anderen Blick auf diese Form von Veröffentlichung wirft und ich so gut wie alles teile, was Penn hierin schreibt. Es gibt unterschiedliche Typen von Autor*innen und das, was auch du machen willst, zählt in den Profibereich. Es geht hier nicht um ein Hobby, das du bespielst, es geht um dein Business, deine Karriere. Es geht um deine Profession. Und natürlich gehst du daher ganz anders an dein Buch und so auch deine Veröffentlichung ran.

Wenn ich über Profession spreche, denken viele, dass diese nur bei einem Verlag wirklich untergebracht werden sollte. Tatsächlich spielt das für die Entscheidung, welchen Weg du wählst, aber kaum eine Rolle. Wichtig ist, welches Ziel du mit deinem Buch hast und auf welchen Wegen Kund*innen bzw. Anfragen zu dir kommen. Wo bewegst du dich und wo bist du daher gewissermaßen zu Hause? Wo bewegen sich die Menschen, mit denen du zu tun hast und die dein Buch lesen sollen? Wo suchen sie nach Büchern wie deinem und wo kaufen sie diese?

Je nachdem, was deine Antworten hierauf sind, entscheidest du dich für einen der folgenden Wege:

- Agentursuche, um über eine Agentur einen Verlagsvertrag zu bekommen

- Verlagssuche, um Verlage direkt anzuschreiben und dich dort zu bewerben

- dein Buch unabhängig über eine Plattform wie KDP, epubli, BoD etc. veröffentlichen

- dein Buch selbst drucken und verkaufen

Auf den letzten Weg werde ich in diesem Buch nicht groß eingehen, da dieser gerade für ein Business-Buch nur selten Sinn macht. Dafür benötigst du schlicht sehr viel Kapital und auch die menschlichen Ressourcen, um das Buch zu vertreiben und zu verschicken. Das trifft auf die wenigsten von uns zu - und ich kann es aus meiner Erfahrung auch nicht empfehlen. Bleiben wir also bei der Veröffentlichung über Verlag bzw. Agentur und der unabhängigen Veröffentlichung.

Joanna Penn beschreibt in ihrem Buch sehr gut, wonach du entscheiden kannst, welche Form deine ist. Ich habe diese Punkte mit der Zeit immer weiter ergänzt oder auch vertieft mit den Erfahrungen, die ich selbst gemacht habe und bei meinen Kund*innen sehen konnte.

Der wesentliche Punkt, warum viele Debütautor*innen dazu tendieren, unbedingt zu einem Verlag zu wollen ist, dass sie sich davon zum einen Reichweite erhoffen und auch das Prestige (was vollkommen in Ordnung ist btw), zum anderen aber auch das romantische Bild von ihrem Buch im Schaufenster einer Buchhandlung haben.

Das ist auch alles vollkommen in Ordnung und darf sein.

Wagen wir nichtsdestotrotz einmal folgenden Versuch: Wenn du das nächste Mal in die Buchhandlung um die Ecke gehst, dann achte dort einmal darauf, wie viele Sachbücher im Vergleich zu belletristischen Werken du dort finden kannst. Bei der Buchhandlung in unserer Straße handelt es sich dabei um ziemlich genau ein Regal und vielleicht noch ein paar Werke auf dem Empfehlungs-Tisch. Im Gegensatz dazu stehen 15 und mehr Regale mit Belletristik. Dann schau dir an, was für Sachbücher dort liegen. Viele sind von Menschen geschrieben, die man aus den Medien kennt. Bekannte Menschen, wie Barack Obama, die eine Biografie veröffentlicht haben usw.

Es ist somit selbst bei einer Verlagsveröffentlichung nicht sicher, ob dein Buch in einer Buchhandlung landet.Viele meiner angehenden Autor*innen sind zudem vor allem online unterwegs oder sie bedienen eine Nische.

Die sehr viel wichtigere Frage ist zudem: Sucht deine Zielgruppe in der Buchhandlung oder woanders nach deinem Thema? Schreibst du über ein Tabuthema, wie z. B. Sexualität oder Bettnässen? Dann ist es sogar ziemlich wahrscheinlich, dass deine Zielgruppe dein Buch auf gar keinen Fall in der Buchhandlung kauft, sondern heimlich, still und leise online bestellt.

Was macht somit in deinem Fall wirklich Sinn? Wo muss dein Buch auffindbar und kaufbar sein?

Ich kann absolut verstehen, wenn jemand sagt: Ich will zu einem Verlag! Meine Autorin Andrea ist ein solcher Fall. Für sie war und ist das immer ein großer Traum gewesen. Und in ihrem Fall tatsächlich auch sinnvoll. Andrea ist in Vollzeit fest angestellt, eine Expertin innerhalb eines Unternehmens, als die sie sich weiter etablieren und die Karriereleiter hochklettern will. Sie hat große Ambitionen, weniger Zeitdruck. Schließlich verdient sie gut und regelmäßig, muss sich über Kund*innengewinnung weniger Sorgen machen. Andrea ist Projektmanagerin und Expertin für datenbasierte Prozesse. Sie arbeitet viel online, ja. Aber sie bewegt sich im Unternehmen selbst vor allem offline. Für sie ist das Prestige des Verlages insofern ein wichtiger Punkt, als in der Unternehmenswelt diesem ein höheres Ansehen beigemessen wird. In Andreas Fall ist das der springende Punkt, denn bei ihr ist klar, dass sie genau hier bleiben und aufsteigen will. Sie hat daher Verlage rausgesucht und ein Exposé bzw. Bewerbungen geschrieben, die sie an mehrere Verlage geschickt hat. Und sie hat bereits mit der zweiten Bewerbung eine Zusage bekommen. Das ist tatsächlich eher ungewöhnlich! Meistens schickst du weit mehr als 20 raus und es dauert in der Regel sehr lange, bis eine Rückmeldung kommt - wenn eine kommt.

Andrea war die allererste Teilnehmerin meines Programms The Writing Sessions, sie ist und bleibt etwas ganz besonderes für mich. Wir stehen nach wie vor regelmäßig in Kontakt und sie arbeitet aktuell noch an ihrem Buch. Sie selbst sagt: „Hätte ich das Buch so fertig gemacht und veröffentlicht, wie es erst im Programm aussah, dann hätte ich schon lange veröffentlicht." So hat sie ihren Verlagsvertrag, muss das Buch aber noch einmal überarbeiten und den Regeln des Verlags entsprechend anpassen. Das wiederum ist normal. Sie ist daher nun fast schon zwei Jahre an diesem Buch dran, während andere meiner Autor:innen in der Regel in max. einem Jahr veröffentlichen. Das sind alles Entscheidungen, keine davon ist besser oder schlechter, richtig oder falsch. Es geht immer darum, wofür du dein Buch einsetzen willst und wann.

Für Andrea ist dies kein Problem: Sie verdient ihr Geld, ihre Leserinnen finden sie und ihr Buch über den Verlag.

Wie ist das bei dir?

Wenn du ein Business aufbauen willst, dann schau dir genau an, wie du arbeitest bzw. arbeiten willst. Bist du online unterwegs und deine Kund*innen finden vor allem online zu dir, sollte hier auch dein Fokus hinsichtlich deiner Veröffentlichung liegen. Außerdem ist es auch immer eine zeitliche Frage, wo und wie du veröffentlichst:

Während Andrea nun schon sehr viel Zeit in ihr Buch gesteckt hat und sobald sie fertig ist, auch nochmal auf die finale Veröffentlichung wartet, kannst du dies bei der unabhängigen Veröffentlichung selbst beeinflussen. Hier hast du keinen Bewerbungsprozess, musst nicht auf Rückmeldungen warten und dein Buch ist relativ zügig da und einsetzbar.

Du bist hier sehr viel flexibler, weil dieser Prozess vor allem an dir hängt. Das klingt zunächst nach viel Verantwortung, gibt dir aber auch viele Freiheiten und sollte dich daher nicht abschrecken. Du hast bei dieser Form der Veröffentlichung beispielsweise auch mehr Handhabung über den Einsatz und die Gestaltung deines Buches.

Aylin Knapp hat ihr Buch beispielsweise unabhängig veröffentlicht. Sie ist mit dem Thema Bettnässen ein absolutes Tabuthema angegangen, bei dem sie immer wieder nach Buchempfehlungen gefragt wurde. Da es dazu nichts gab, hat sie dieses Buch binnen neun Monaten geschrieben und selbst veröffentlicht. Damit du ihren Hintergrund kennst: Aylin ist Physiotherapeutin, hat eine Praxis, aber auch eine kleine Familie, um die sie sich aktuell noch viel kümmert. Daher hat sie eine Weile versucht, ein Onlineangebot aufzustellen und vor allem zu verkaufen, was zu Beginn eher schleppend lief. Für sie war es daher wichtig, das Buch relativ zügig rauszubringen. Sie hat es im Anschluss auf ihre Webseite gestellt, Infomaterial eingebunden und viel Marketing auf Social Media mit dem Buch gemacht. Zum einen füllt sich ihr Onlinebereich jetzt viel zügiger, auch da dieser von ihren Kolleg*innen empfohlen wird. Zum anderen hat sie einen Onlinekurs entwickelt, in dem sie ihr Wissen weitergibt, damit es mehr Expertinnen in diesem Bereich gibt, die weiterhelfen können - denn Aylins Warteliste für die Praxis ist mittlerweile randvoll.

Für sie war es daher eine wichtige und richtige Entscheidung, das Buch unabhängig zu veröffentlichen. Es sollte schnell draußen sein, um Menschen weiterzuhelfen und auch um Aylin zu helfen, ihre Angebote zu verkaufen und mehr Zeit für ihre Familie zu haben, flexibler arbeiten zu können.

Sie wird so mittlerweile auch als die Expertin für den Bereich wahrgenommen und von unterschiedlichen Medien angefragt. Das wiederum bringt ihr weitere

Reichweite. Hierbei ist immer die Frage, ob du auf solche Ergebnisse warten kannst (und willst), oder nicht.

Was ist für dich wichtig und was macht für dich als Veröffentlichungsform wirklich Sinn?

Alle Optionen sind okay. Und es ist auch okay, das Prestige eines Verlages im Rücken haben zu wollen. Mir ist nur wichtig, dass du nicht mit falschen Vorstellungen in diesen Prozess reingehst. Einen Verlag zu haben bedeutet nicht automatisch, auf den Büchertischen und in den Regalen anzukommen. Selbst ein großer Verlag hat nicht immer viel Marketingbudget, gerade wenn es um noch unbekannte Autor*innen geht. Marketing wirst du immer auch selbst machen müssen. Und ein Verlag kann bedeuten, dass du dein Buch noch einmal umarbeitest.

Darüber hinaus ist diese Form der Veröffentlichung ein Zeitfaktor: Die Agenturen, von denen ich schreibe, sind aus genau diesem Grund entstanden. Verlage kamen lange nicht nach, alle Bewerbungen zu sichten, die bei ihnen landeten. Daher sortieren Agenturen diese gewissermaßen vor und treten mit den

Buchmanuskripten an Verlage heran, die sie für gut halten. Für dich bedeutet das übrigens, wenn du bei einer Agentur unterkommst, dass diese die vertraglichen Verhandlungen übernimmt. Da sie an deinem Anteil mitverdienen, sind sie natürlich daran interessiert, einen möglichst guten Deal für dich zu bekommen und kennen sich rechtlich auch besser aus, als du das tust. Daher kann eine Agentur viel Sinn machen, dauert im Prozess aber wieder länger, weil du einen Zwischenschritt mehr gehen musst.

Es gibt dabei kein Richtig oder Falsch, kein Besser oder Schlechter. Dies sind lediglich deine Optionen und du entscheidest, was zu dir, deinem Business, und wie dieses aufgebaut sein soll, am besten passt.

Wichtig ist mir lediglich an dieser Stelle noch einmal abschließend zu betonen, dass du auf jeden Fall die Veröffentlichung als Ziel hast. Die genaue Option ist weniger wichtig, als die Tatsache, dass du dein Buch herausbringst. Denn nur dann kannst du es einsetzen - und wie du das im Hinblick auf eine starke Medienpräsenz tun kannst, das schauen wir uns jetzt an!

Kapitel 12

Nutze dein Buch für Medienpräsenz

Use Your Book To Get Mediacoverage

Für die meisten, die, wie du, sich selbst eine sichere Grundlage schaffen wollen, von der aus sie ihr Business starten, ist das unabhängige Veröffentlichen schon allein aus zeitlichen Gründen die bessere Variante. Statt auf den Verlag zu warten, kannst du dein Buch zügig einsetzen, um deine Rolle als Expertin zu stärken.

Als im März 2023 das ZDF Magazin Royal eine Sendung zum Thema Erfolgscoaches veröffentlichte, die sich auf eine bestimmte Weise darstellen, hinter deren Angebot jedoch ein Schneeballsystem steckt, gab es einige Unruhe in der Business-Welt. Der Beitrag wurde rauf und runter diskutiert.

Natürlich versuchte jeder und jede sich erstmal als seriös darzustellen, als ethisch und doch unternehmerisch. Auch ich habe dazu ein bis zwei Beiträge auf Social Media gepostet, allerdings eher über die Debatte darüber als den Beitrag an sich. Denn ich denke das, was ich kurze Zeit später in einem LinkedIn-Post las: Expert*innen, die gut und seriös sind, kennt man meistens von anderen Kanälen als nur den eigenen. Sie sind in den Medien präsent und zeigen ihr Wissen, ihre Erfahrungen und somit ihre Kompetenz.

Dein Buch ist der erste Schritt, dich als Expertin zu zeigen, du kannst mit all deinen Erfahrungen buchstäblich ein Buch füllen. Du zeigst, dass du eine ernstzunehmende Person bist, der man vertrauen kann. Dieses Vertrauen baust du durch deine Präsenz auf den Kanälen anderer Expert*innen. Das kann z. B. ein Podcast sein oder auch ein Blog, ein YouTube-Kanal etc. Erst recht fütterst du deine verstärkte Medienpräsenz, indem du beispielsweise als Gastautorin einen Artikel für ein (Online-)Magazin schreibst, dort im Interview zu Gast bist. Gerade dort wird es für dich durch dein Buch sehr viel leichter, wahrgenommen und eingeladen zu werden. Du zeigst durch dein eigenes Buch Wertigkeit und Kompetenz. Für viele hat ein Buch zudem nach wie vor diesen Wow-Effekt. Auch hier kannst du somit durch den USP eigenes Buch einiges für dich rausholen, um deine Autorität nach außen hin zu stärken.

Was aber passiert genau, wenn du stärker in den Medien präsent bist? Du kommst über deine eigenen Social Media Kanäle hinaus, die du ggf. gerade erst aufbaust. Auch dein Buch hilft dir dabei bereits, weil du mit diesem zusätzliche Plattformen erschließen kannst. Du wirst vermutlich auch noch nicht unbedingt die finanziellen Mittel haben, um durchgängig Anzeigen wie Facebook oder Google Ads zu schalten, um darüber deine Reichweite zu vergrößern. Aber hey, da ist doch diese tolle Expertin, zu deren Thema du etwas aus deinem Bereich beisteuern kannst und die schon viel mehr Reichweite hat als du! Warum nicht in ihrem Podcast als Gesprächspartnerin auftreten und ihren Hörer*innen spannenden, neuen Input mitgeben?

Das Prinzip der Medienpräsenz funktioniert ähnlich wie bei deinem Buch, in dem du durch dein Wissen und deine Erfahrungen wichtigen Vertrauensaufbau leistest. Die Menschen hören dir zu und kommen zu dir. Kaufen in diesem Fall zunächst dein Buch, um dann in weitere Angebote von dir zu kommen.

Medien haben oftmals eine noch viel größere Reichweite und einen Magazinartikel kannst du zudem selbst dazu verwenden, dein Ansehen zu verstärken und dich als Expertin deines Bereichs zu etablieren.

Eines der besten Beispiele, wie diese Kombination aus Buch und Medien funktionieren kann, ist die schon genannte Stefanie Stahl, Psychologin und u. a. Autorin des Buches Das Kind in dir muss Heimat finden, das mehrfach hintereinander Bestseller des Jahres wurde. Sie ist auf Social Media wenig bis gar nicht präsent und wenn, dann sehr pointiert. Ihre Bücher haben ihr zu einem Status verholfen, den sie im Zusammenspiel mit Auftritten in den Podcasts anderer erfolgreicher Unternehmer*innen wie Dr. Mareike Awe, Steffen Kirchner, vor allem aber Podcasts großer Medien und Institutionen wie hr-Info, Greator und dem Zeit Magazin ausbaut und aufrechthält.

Vormals eine Psychologin wie alle anderen hat sie sich durch das Veröffentlichen ihrer Sachbücher (für die sie zunächst bereits vorhandene Fachbücher Zielgruppen spezifisch angepasst hat) einen Status erschrieben, durch den sie zunächst von Medien überhaupt wahrgenommen wurde. Durch die Gastauftritte hat sie ihren Bekanntheitsgrad enorm gesteigert, sodass sie gefühlt omni präsent ist, obwohl sie auf Social Media kaum eigenen Content postet. Sie wird somit vor allem für ihre Kompetenz und Expertise wahrgenommen, statt durch die Reichweite ihrer Instagram-Stories. Und das wiederum führt auch zu mehr Buchverkäufen und beschert ihr schon mehrere Jahre in Folge den Jahresbestseller-Titel.

An dieser Stelle betone ich noch einmal aus gutem Grund und mit sehr viel Nachdruck, dass es beim Schreiben und Veröffentlichen deines Buches nicht um die Buchverkäufe an sich geht und somit auch nicht um einen Bestseller-Status! Die Verkäufe kannst du nicht kontrollieren und wer sich nur auf diesen Status konzentriert, schreibt oftmals für die Masse und so an der eigenen Zielgruppe vorbei. Es ist wichtig, dass du dich auf deine Zielgruppe bzw. deine Zielperson konzentrierst und dann über Medien und Co. deine Reichweite ausbaust, um mehr dieser Menschen zu erreichen. Denn allein durch die Buchverkäufe verdienst du deinen Lebensunterhalt nicht, übrigens oftmals auch nicht mit einem Bestseller. Dein Ziel ist daher nicht, mehr Bücher zu verkaufen, sondern mehr Menschen über dein Buch zu erreichen, dich als ernstzunehmende Expertin zu positionieren und so Interessierte zu Kund*innen deiner Dienstleistung zu machen, für die du mehr nehmen kannst, als du durch dein Buch allein verdienen würdest. Dein Buch hilft dir, deine Reichweite auszubauen und das Vertrauen in dich zu stärken.

Das Beispiel von Stefanie Stahl zeigt, wie wichtig die Berichterstattung in den Medien ist, um dich als Expertin wirklich zu etablieren - und dich auch davor zu schützen, in eine Schublade mit den Coaches gesteckt zu werden, die im ZDF Magazin Royal gezeigt wurden.

Medienberichte, Interviews, Gastartikel, Gastauftritte und Co. haben den Effekt, dass Menschen bzw. Leser*innen und Hörer*innen von vornherein annehmen, dass du kompetent bist - denn sonst würde man dich dort nicht einladen. Durch diese Form von Sichtbarkeit und Reichweite bekommst du eine Art Vertrauensvorschuss, der auf deinen eigenen Kanälen so nicht möglich ist.

Aber wie schaffst du es, dir eine Medienpräsenz aufzubauen? Dafür ist es zunächst wichtig, die passenden Medien zu finden oder eben Podcasts von anderen Expert*innen, deren Thema und Zielgruppe für dich passt. Und genau hiernach gehst du vor, wenn du zunächst eine Medialiste erstellst, auf der du potentielle Magazine, Podcasts und Co. sammelst, in denen du auftreten könntest. Hab keine Angst davor, auch große Medien auf dieser Liste aufzunehmen - man weiß ja nie! Und hab genauso im Blick, dass es auch sehr schlau sein kann, einen Blick auf fachspezifischere Medien wie eben Fachmagazine zu werfen. Diese haben vielleicht keine hohe Auflage, werden aber von den richtigen Menschen gekauft und gelesen! Die Trefferquote ist hoch, während bei einem Massenmedium so ein Artikel oder Gastauftritt auch mal im luftleeren Raum verpuffen kann, wenn deine Zielgruppe es nicht konsumiert.

Hast du deine Liste mit Medien erstellt, pickst du dir Themen aus deinem Buch heraus und formulierst dazu kurze, sogenannte Pitches. Das heißt, du schaust dir an, welche kleineren Unterthemen und Teilbereiche du zu einem einzelnen Artikel oder Gesprächsthema machen kannst. Ich könnte zum Beispiel mein Kapitel zur Veröffentlichung heranziehen und das Detail herausgreifen, warum ein Verlag nicht immer die bessere Wahl ist. Dann formulierst du eine knackige Headline dazu und schreibst zwei bis drei Sätze, in denen du das Thema kurz umreißt. Zum Beispiel so:

Themenpitch - Beispiel:

„Mythos Veröffentlichung - Warum ein Verlag für Unternehmer*innen oft keinen Sinn macht. Ein eigenes Buch schreiben, der Traum vieler Expert*innen - doch ein Thema steht dabei stets wie der rosa Elefant im Raum: WAS ist mit der Veröffentlichung? Welche Form wirklich Sinn macht und warum das Prestige eines Verlages schon lange keines mehr ist."

Mit diesen Themen pitchst du bei den Medien bzw. den Podcast-Hosts. In der Regel wirst du dich per Mail melden und schreibst dann eine Mischung aus persönlichem und professionellem Anschreiben, dem du zwei bis drei Themenvorschläge hinzufügst UND natürlich darauf eingehst, dass diese Teil deines Buches sind.

Aylin Knapp hast du bereits kennenlernt: Als Physiotherapeutin mit dem Buch Trocken werden für Schulkinder hat sie auf diesem Weg von 5 Pitches 4 positive Rückmeldungen bekommen und wurde eingeladen. Sie hat von Beginn an sehr spezifisch gearbeitet und auch bei der Auswahl der Medien darauf geachtet, dass diese tendenziell interessant für ihre

Zielgruppe sind. Sie hat sich daher vor allem Fachmagazine rausgesucht sowie sehr themenspezifische Podcasts und auf diese ihre Vorschläge angepasst.

Gerade, da Aylin sich eine absolute Nische herausgegriffen hat, ist sie hier jetzt schon als die eine Expertin bekannt, obwohl ihr Buch erst im August 2022 erschien. Sie verweist zwar immer auf andere Therapeut*innen und versucht, Klient*innen weiterzureichen. Viele nehmen aber lieber die Wartezeiten bei ihr in Kauf, weil sie ausschließlich mit Aylin arbeiten wollen. Und genau das ist es, was ich mir auch für dich wünsche: Deinen Bereich, dein Business in kurzer Zeit so aufzubauen, dass du als die Expertin wahrgenommen und angefragt wirst. Dass du wenig bis keine Probleme hast, Kund*innen zu gewinnen und bestenfalls sogar so viele Anfragen hast, dass du diese selbst gar nicht alle bedienen kannst. Dass du dir dein Business so aufbauen kannst, dass es zu deinem Leben passt und wie du dieses leben willst - und nicht umgekehrt. Und dass du das Gefühl hast, für all das nicht etwas darstellen zu müssen, was du gar nicht bist, sondern durch dich selbst und deine

Kompetenz überzeugst und Leute genau deswegen mit dir arbeiten wollen.

Aylin zeigt durch ihr Buch und ihre Medienauftritte, dass sie wirklich Expertin auf diesem Gebiet ist und sich auskennt. Das ist für jeden und jede klar und deutlich zu sehen, weshalb auch schnell das Vertrauen in sie und ihre Fähigkeiten da ist.

Sie hat mir erzählt, dass sie schon vor Veröffentlichung ihres Buches eine Kooperationsanfrage rausgeschickt hat, die andere Person aber nur semi-interessiert reagierte und so erstmal nichts daraus wurde. Nach Veröffentlichung des Buches und weiteren Auftritten meldete sich die Person auf einmal ihrerseits bei Aylin und fragte, was denn mit der Kooperation sei und war mit einem Mal daran interessiert, diese fix umzusetzen. Aylin wurde außerdem für einen bezahlten Vortrag angefragt und hat nun den ersten Buchladen in der Schweiz, der ihr Buch verkaufen will - obwohl es unabhängig erschienen ist.

Im Prinzip kannst du auch an diesem Beispiel wieder gut sehen, wie sich die einzelnen Bereiche gegenseitig bedingen. Das Buch ist der erste Baustein, deine

Kompetenz zu zeigen, der dir diverse Möglichkeiten eröffnet, deine Reichweite und deinen Bekanntheitsgrad auszubauen, in Form von Medienpräsenz. Dadurch wiederum kommen Menschen auf dein Buch zurück - und am Ende interessiert es dann kaum noch, wie du genau veröffentlicht hast ODER du wirst wie Denise Duffield-Thomas sogar von einem Verlag für ein bereits veröffentlichtes Buch angefragt.

Daher an dieser Stelle von mir ein mehr als nur gut gemeinter Ratschlag: Mach keine Raketenwissenschaft aus deinem ersten Buch. Warte damit nicht allzu lange und halte dich auch mit dem Schreiben und Veröffentlichen nicht zu lange auf. Denn erst, wenn dein Buch veröffentlicht ist, kannst du es in der Form nutzen, wie du es gerade unter anderem bei Aylin nachlesen konntest. Triff Entscheidungen und ziehe dieses Projekt möglichst kontinuierlich an einem Stück durch - und das hat nichts mit einer 24/7-Arbeit zu tun.

Alles, dein Business und auch dein Buch, sind Entscheidungen, die du triffst und Prioritäten, die du setzt. Ich weiß, du wirst bereits zu Beginn mit unglaublich vielen gut gemeinten Ratschlägen bombardiert, was angeblich alles wichtig sei, um ein Business erfolgreich, sichtbar - oder welches Modewort aktuell noch so genutzt wird - zu machen. Aber achte ruhig einmal darauf, was deine Mitstreiterinnen tun und frage dich: Wenn das genau die gleichen Dinge sind, die man dir rät, kannst du damit dann aus der Menge herausstechen? Was bringt dir das Posten von Beiträgen auf Social Media hinsichtlich deiner Expertinnen-Rolle wirklich? Welche Form von Ansehen und Bekanntheitsgrad können dir die oft vorgeschlagenen Wege bringen? Wann erreichen sie ggf. ihre Grenzen? Was siehst du bei Expertinnen, die für dich eine Vorbildfunktion haben, die du bewunderst und gut findest? Was macht sie besonders?

Und ganz oft wirst du bemerken, dass die Personen, die du als stark in den Medien und ja, auch mal auf Social Media, repräsentiert wahrnimmst, auch oftmals die sind, die ein oder mehrere Bücher geschrieben haben. Beispiele: Laura Malina Seiler, Veit Lindau, Dana Schwandt, Tijen Onaran, Stefanie Stahl, Lars Amendt u. v. m.

Die Details deines ersten Buches müssen nicht alle bis ins Kleinste perfekt sein - und ganz ehrlich: Sie werden es auch niemals sein. Es geht hierbei schließlich um dein Erstlingswerk, dein Debut. Und das hat immer die typischen Startmacken, die allerdings selten jemandem auffallen. Wichtiger als Perfektion ist die Tatsache, dass dieses Buch da und veröffentlicht ist, damit du es einsetzen kannst. Um das bestmöglich hinzubekommen, kannst du dir Support holen.

Sortiere deine Ideen und fang an. Es ist wichtig, hieraus kein allzu langes Projekt zu machen, denn wie du an meinen Beispielen gesehen hast, kannst du dir durch dein Buch in Kürze ein wirklich fundiertes, gefestigtes Business aufbauen, das von deiner Expertise und Kompetenz lebt und so auch nachhaltig funktionieren kann.

Aus meiner Erfahrung und dem, was ich bislang bei den vielen Frauen und Expertinnen sehen konnte, mit denen ich schon arbeiten durfte, ist das Projekt Buch als jahrelanges Konzept eine überaus schlechte Idee. Jahrelang an einem Buch zu schreiben, bedeutet oftmals, dass die Person nie so richtig zufrieden ist. Und dann passiert, was nach wie vor zu vielen passiert und sie veröffentlichen ihr Buch nicht, weil es nie perfekt zu sein scheint.

Kapitel 13

Warum so viele großartige Bücher nie geschrieben werden

Why So Many Great Books Never get Written

Ich habe lange gesucht, aber keine Zahlen aus dem deutschsprachigen Raum gefunden, die belegen, wie viele Buchprojekte erst geplant und dann wieder aufgegeben wurden. Aber zum Glück gibt es für den US-Raum eine Untersuchung und ich vermute, dass sich die Zahlen auch auf unsere Breitengrade übertragen lassen:

Laut einer Studie, besprochen in der New York Times (https://www.nytimes.com/2002/09/28/opinion/think-you-have-a-book-in-you-think-again.html, abgerufen am 6.9.2023), wollen mehr als 80 Prozent der befragten Menschen ein Buch schreiben. Doch veröffentlichen am Ende nur drei Prozent tatsächlich ein Buch.

Das ist eine erschreckende Zahl, die unwirklich klingt. Ich kann diese aber aus meinen Erfahrungen bestätigen: Ich gebe regelmäßig kostenfreie Masterclasses oder Ähnliches, bei diesen Events sind oftmals um die 100 Expert:innen dabei - so zum Beispiel auch in dem Betakurs, bei dem Julia dabei war, die du zu Beginn des Buches kennengelernt hast. Von den Teilnehmerinnen hat außer ihr keine ein Buch veröffentlicht. Ähnlich auch meine Beobachtungen beim ersten Book-Camp, einem einwöchigen Live-

Format 2022: Über 70 begeisterte Teilnehmerinnen, aber als das Camp vorbei war, konnte ich eine Stecknadel fallen hören. Das Interesse ist immer groß, auch die Begeisterung zu Beginn: Ja, ich lege jetzt los! Und am Ende entsteht maximal ein Workbook oder ein paar Blogbeiträge - wenn überhaupt. Woran liegt das? Gerade Frauen zweifeln oftmals an ihren eigenen Leistungen und haben immer wieder dieses Gefühl, doch (noch) nicht genug zu sein. Doch noch Ausbildung oder Fortbildung XYZ machen zu müssen, um wirklich alles zu wissen und genug zu sein. Das geht bis hin zum Imposter-Syndrom, bei dem sie sich wie Hochstaplerinnen fühlen und glauben, Erfolg überhaupt nicht verdient zu haben.

Das passiert vielleicht nicht durchgängig, aber es holt sie immer wieder ein, sobald es ernst wird. Frauen und auch queeren Menschen wird und wurde ihre Kompetenz gerne abgesprochen oder gemindert. Ich habe beispielsweise in bestimmten Zusammenhängen schon gehört, ich solle mal nicht allzu überzeugt von mir sein, da hätte ich am Ende das Nachsehen.

Geht eine Frau selbstbewusst mit ihrer Kompetenz und ihrem Wissen um, dann wird dies eher mit negativen

Begriffen beschrieben: Sie wirke überheblich, arrogant, sie sei eine eiskalte Person, habe nur ihre Karriere im Kopf usw., während ein Mann einfach als selbstbewusst bewundert wird. Auch mit einer klaren Haltung, dem klaren Kommunizieren von Grenzen wird bei einer Frau anders umgegangen als bei einem Mann.

An mich wurde immer eher die Erwartungshaltung herangetragen, dass ich freundlich und zuvorkommend zu sein habe und möglichst angenehm und leicht händelbar. Ich erinnere mich noch, als ich einen Artikel für ein Magazin mit einem recht bekannten Designer aus Hamburg machen wollte und sein Assistent mit dem Termin nicht in die Pötte kam. Ich wurde recht deutlich und fragte, ob keinerlei Interesse bestehe, dann würde ich mich nach einer anderen Person umschauen. Kurze Zeit später hatte ich meinen Termin und im Gespräch meinte jener Designer, sein Assistent hätte mich als etwas „schwierig" beschrieben. Und das einfach nur, weil ich eine klare Ansage haben wollte. Nun… ich lasse das mal so stehen.

Solche Bezeichnungen sind nicht schön und es ist im ersten Moment auch nicht leicht, damit umzugehen.

Denn natürlich ist es uns allen wichtig, gesehen und anerkannt zu werden. Frauen haben grob gesagt gelernt, dass sie für Folgsamkeit anerkannt und Rebellion bestraft werden. Ein Muster, das sich mindestens bis in die Zeit der Hexenverbrennung nachverfolgen lässt, in der kluge Frauen verfolgt und umgebracht wurden. Diese Art des transgenerationalen Traumas ist in Frauen tief verankert und zeigt sich heute unter anderem in der Angst, sich selbst als Expertinnen zu etablieren bzw. etablieren zu wollen.

Es entstehen dann durchaus so konfuse Gedanken wie „Was ist, wenn diese und jene Aussage nicht stimmt? Wenn ich mit meiner Idee nicht richtig liege, an Punkt xyz etwas verfehle und nicht hundertprozentig abliefere?" Die Angst, man könne auffliegen und dann kritisiert und angegriffen werden, nie wieder einen Fuß auf den Boden bekommen und andere Schreckensszenarien gehen uns durch den Kopf.

Aber dieses Zurückschrecken davor, die Rolle der Expertin voll und ganz anzunehmen, zeigt sich auch in etwas weniger existenziellen Gedanken und Glaubenssätzen. Vielleicht hast du selbst beim Lesen der letzten Kapitel so etwas gedacht, wie: „Ja, Stefanie

Stahl! Das ist ja ein ganz anderes Kaliber als ich. Ich denke nicht, dass ich jemals dorthin komme, wo sie steht."

Dabei hat auch Stefanie Stahl einmal irgendwo, irgendwie und irgendwann angefangen. Ganz von vorne, ganz klein. Vielleicht hatte sie Zweifel, so wie du und ich ebenfalls, und hatte gleichzeitig diesen tiefen Glauben an das eigene Wissen und die Hoffnung, der Welt und den Menschen etwas Wichtiges weitergeben zu können. Wir haben diesen Glauben in uns und wollen es schaffen, brauchen nur dieses Vertrauen in uns selbst oder jemanden, der oder die uns an unseren Wert und unser Können erinnert.

Zu Beginn meiner (neuen) Selbstständigkeit war ich in folgender Situation: Ich hatte lange Zeit freiberuflich gearbeitet, dann war ich für etwa zwei Jahre auf einer Teilzeitstelle, bevor ich es schließlich noch einmal mit der Selbstständigkeit in Vollzeit versuchte. Ich lag irgendwann neben meinem Partner, jetzt Mann, im Bett und weinte. Ich sagte: „Ich glaube da nicht dran, ich glaube nicht, dass ich das schaffe!" und er entgegnete nur: „Jetzt hör mal auf, mich anzulügen. Wenn du an all das nicht irgendwo tief in deinem Inneren glauben würdest, dann hättest du schon lange aufgegeben. Es ist nur aktuell einfach nicht so leicht."

So war es auch und so ist es oft auch beim Schreiben eines Buches. Das, was dann als die sogenannte Schreibblockade deklariert wird, gibt es daher aus meiner Sicht auch nicht wirklich. Denn ja, natürlich ist Schreiben immer mal wieder schwer und eine Drecksarbeit. Manchmal schreibst du Texte, die Mist sind und die du mehr als einmal verwirfst. Aber du lernst eben erst, es besser zu machen, wenn du dran bleibst und es weiter versuchst. Denn Schreiben kommt durch Schreiben. Sprich: Ein guter Schreibstil kommt durch die Praxis. Meine ersten Artikel und Blogbeiträge möchte ich selbst auch nicht mehr lesen. Es sind sicher keine Glanzstücke. Aber ohne sie würde ich jetzt auch nicht dieses, mein 12tes Buch schreiben. Schreiben kann schwer sein, aber auch genau das Gegenteil. Es kann unglaublich viel Freude machen und dich in eine andere Welt bringen. Es kann heilsam sein, uns die Zeit vergessen lassen und so vieles mehr. Am Ende des Tages ist der Unterschied zwischen Autorinnen und Nicht-Autorinnen, dass die Autorinnen fertig werden - und veröffentlichen. Das ist alles.

Die häufigsten Gründe, warum ein Buch nicht geschrieben oder veröffentlicht wird, sind somit folgende:

- Angst vor Fehlern
- Angst vor dem Erfolg
- Fokus auf die falschen Tätigkeiten, z. B. Veröffentlichung recherchieren statt schreiben.
- Nicht genug Unterstützung
- Das Gefühl, keine Zeit zu haben

Die Profi-Autorin zeichnet sich somit nicht in erster Linie durch ihren tollen Schreibstil aus, sondern dadurch, dass sie sich hinsetzt und ihr Buch schreibt. Ganz egal, was gerade um sie herum passiert. Sie nimmt sich Zeit und schreibt.

Gerade zu Beginn ist es daher so wichtig, dass du eine Schreibroutine hast und diese einhältst. Das schaffen viele nicht und daher ist dies ein weiterer Grund, warum viele großartige Bücher nie das Licht der Welt erblicken: Es kann zu Beginn ein unangenehmes Gefühl sein, dem man nur zu gerne nachgibt. Dann folgen solche Aussagen wie „Es muss fließen. Ich kann nur schreiben, wenn es fließt."

Das ist eine derartige Bullshit-Aussage, dass sie mich jedes Mal aufs Neue wütend macht. Denn das Fließen ist einfach eine Ausrede, um sich nicht hinsetzen zu müssen. Ich kenne das nur zu gut und wenn ich darauf vertraut hätte, dass es schon irgendwann kommt, dieses Buch, dann hätte ich bislang noch kein einziges geschrieben, geschweige denn veröffentlicht. Das, was du an manchen Tagen schlicht brauchst, ist Disziplin.

Mit dieser setzt du dich hin - und dann fließt es. Nicht umgekehrt. Und je häufiger du das tust, umso schneller fließt es tatsächlich von der ersten Minute deines Hinsetzens.

Diese festen Schreibzeiten wirklich einzuhalten ist DAS Thema überhaupt. Ich kenne einige Menschen, die versuchen es dann gerne mit Wegfahren. Meiner Erfahrung nach funktioniert auch das bei Debutautor*innen nur sehr bedingt, weil sie einfach noch keine Schreibroutine haben. Und diese lässt sich zu Hause im normalen Business Alltag eher etablieren als in einer neuen und spannenden Umgebung. Dr. Claudia Nichterl, Ernährungsexpertin und 30-fache Autorin, hat auf einen ähnlichen LinkedIn-Kommentar von mir geantwortet: „Ja, die Konsequenz und Routine und Freude daran sollte wohl da sein, dann geht es überall!" und da stimme ich ihr absolut zu! In der Aussage „Es muss fließen" fehlt genau diese Konsequenz und Routine. Und auch die Freude, denn wenn ich diese habe, dann MUSS es nicht fließen. Ich habe dann einfach richtig Lust, mich hinzusetzen und weiterzumachen.

Ich höre immer wieder von Menschen, mit denen ich in Kontakt bin, dass sie diese Konsequenz, Routine und eben auch die darin liegende Disziplin als Druck empfinden. Und diesen Druck als etwas Negatives sehen. Diese Menschen verwechseln das Projekt Buch mit dem Hobby Buch. Bei einem Projekt ist es durchaus so, dass ich diesen Druck ab und an verspüre - was okay und nötig ist, um voranzukommen. Und ich glaube, was hier dann besonders wichtig ist, ist weiterhin die Freude an diesem Vorhaben zu haben, mit Blick auf das, was kommt, sobald das Buch fertig ist und in die Veröffentlichung geht. Das Gefühl, es geschafft zu haben, ist mindestens genauso unbezahlbar, wie final das eigene Buch in den Händen zu halten.

Auch gerne genommen ist hierbei übrigens der Gedanke, ein Buch würde ewig brauchen. Dann entsteht in uns ebenfalls ein Widerstand und wir setzen uns nicht hin. Es muss ja fließen und das kann es nicht, wenn ich mich so fühle. Aber was, wenn ein Buch gar nicht so viel Zeit und Aufmerksamkeit braucht?

Wir haben doch keine Zeit!

Weshalb viele Bücher nicht geschrieben werden, ist das fehlende Verständnis, dass es gar nicht so viel Zeit braucht, um ein Buch zu schreiben. Das denken viele, die eigentlich den Wunsch haben, ein Buch zu schreiben und verfallen dann direkt in die „Ich habe keine Zeit."-Argumentation.

Wenn mir etwas wichtig ist und ich ein klares Ziel habe, so wie Julia beispielsweise ihr Business fundiert aufzubauen, dann finde ich auch Zeit für die Dinge, die hierfür nötig sind. Habe ich 'keine Zeit', dann habe ich eigentliche 'keine Zeit DAFÜR' - und dann wiederum ist meine Frage an dich: Warum? Warum hast du keine Zeit für das, was dir wichtig ist? Was dir am Herzen liegt, was du dir so sehr wünschst? Weil gerade andere Menschen wieder etwas von dir wollen, weil sie wollen, dass du dich um ihre Umstände usw. kümmerst, statt für deine eigenen Träume zu arbeiten?

Ja, natürlich ist das eine provokative Frage, aber was Frauen betrifft, auch eine immens wichtige. Denn gerade an diese wird immer wieder die Erwartung gerichtet, sich zu kümmern. Diese Erwartungshaltung ist Teil unseres gesellschaftlichen Systems und daher für uns sehr normal, wir merken es oftmals gar nicht. Und wir sind schneller dabei, diese Erwartungshaltungen zu erfüllen, statt Nein zu sagen, Grenzen zu setzen und unseren eigenen Zielen den Vortritt zu lassen, uns und unsere Ziele ernst zu nehmen.

Im Familienkontext und auch so werden zunächst eingeplante Schreibzeiten oft nicht eingehalten, weil sie nicht an eine andere Person, an eine feste Verabredung gebunden sind. Du wirst sehr schnell merken, wie interessant der Wäschestapel sein kann, den du seit mehreren Tagen gekonnt ignoriert hast, während das Schreiben wieder keinen Platz in deinem Tag gefunden hat.

Wie gesagt: Eigentlich brauchst du nicht viel Zeit, um dein Buch zu schreiben. Das 'Keine-Zeit'-Problem ist somit zum einen ein Commitment-Problem, zum anderen aber auch ein strukturelles Problem.

Intrinsische Motivation und der Verlagsvertrag als Antrieb

Unter intrinsisch versteht man den inneren Antrieb, also die innere Motivation, ein bestimmtes Verhalten an den Tag zu legen, ohne dass dazu von Außen etwas nötig ist. Dieses eigene Ziel ist sehr wichtig, um gerade ein länger dauerndes Vorhaben umzusetzen. Dabei wird es aber oft verwechselt mit der Motivation, wirklich zu schreiben. Das ist ungefähr gleichzusetzen mit dem Gedanken, dass ein Buch schon zu mir kommen wird, dass es schon fließen wird, wenn es soweit sein soll. Dass ich mich schon hinsetzen werde, wenn… Das passiert in der Regel nicht und dafür will ich dir im Folgenden einen von sicherlich mehreren Gründen nennen, der aus meiner Erfahrung der häufigste ist und uns zurück zu Perfektionismus und Selbstzweifeln bringt.

Kennst du Sas Petherick? Wenn nicht, dann melde dich genau jetzt zu ihrem Newsletter an. Es ist einer der besten, die ich lese. Sie ist Self-Believe Coach und hat eine entsprechende Schule und Ausbildung ins Leben gerufen. Erstere habe ich absolviert.

Es gibt ein spannendes Bild, das ich von ihr gelernt habe und das sich aus innerer Motivation und dem äußeren Verhalten zusammensetzt. Nehmen wir an, du hast cinen inneren Antrieb, dein Buch zu schreiben, dieser zeigt sich aber nicht im Außen. Sas Petherick beschreibt diese Ungleichheit als eine Barriere zwischen Innen und Außen, die in unserem Glauben an uns selbst liegt.

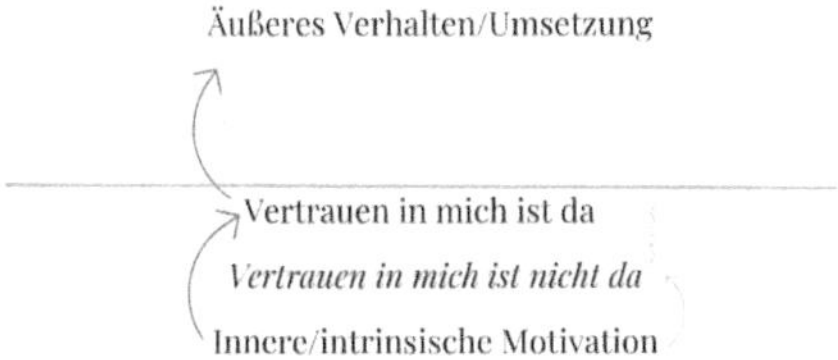

So in etwa kannst du dir diese Barriere vereinfacht vorstellen. Es ist bloß ein einfacher Strich, aber du kommst nicht darüber hinweg, wenn dir der Glaube an dich selbst fehlt. Ist das somit Fall, fehlt dir das letzte Vertrauen in dich und dein Vorhaben.

Drehen wir das Bild um, so führt der Glaube an unser Vorhaben dazu, dass wir uns hinsetzen und schreiben. Wir machen unseren Wunsch wahr und setzen ihn in die Realität um.

Ist der intrinsische Antrieb da, zeigt sich aber nicht im Außen, habe ich schon des Öfteren von Menschen gehört, dass sie fest davon ausgehen, dass es aus ihnen selbst heraus klappt - sobald sie die Zusage eines Verlages haben.

Wenn ich erst eine Zusage vom Verlag hätte, dann würde ich auch schreiben, heißt es dann. Obwohl sie meinen, rein aus dem inneren Antrieb handeln zu können, sprechen sie über die Motivation von Außen, den Verlagsvertrag. Ein Widerspruch in sich und eine Ambivalenz, die zeigt, auf was für wackeligen Beinen ihr Buchvorhaben eigentlich steht.

Nun meine Frage an dich, falls du ebenfalls erst gerne eine Verlagszusage hättest, bevor du dein Buch schreibst: Warum brauchst du diese?

Weil du meinst, dass dein Buch sich nicht genügend verkauft? Weil du die Bestätigung brauchst, dass ein Verlag deine Buchidee gut findet - denn nur dann ist sie es auch?

Dazu zwei Beispiele: Eine der wahrscheinlich größten und bekanntesten Gegenwarts-Autorinnen ist Sibylle Berg. Ihr erstes Buch sendete sie an über 80 (!) Verlage, bis schließlich der Reclam-Verlag zusagte und das Buch zum Bestseller wurde. Das bedeutet im Umkehrschluss, dass mindestens 79 Verlage es abgelehnt haben.

Das ist kein Einzelbeispiel, auch bei Harry Potter lief es ähnlich. Gehen wir in die Sachbuch-Welt, dann schau dir Lars Amend an, der sich durch die gesamte Verlagsbranche telefoniert hat, bis sich schließlich jemand für die von ihm geschriebene Biografie über Bushido interessierte. Auch diese wurde zum Bestseller. Und Denise Duffield-Thomas hat es erst gar nicht versucht, sondern direkt selbst veröffentlicht, ein millionenschweres Business darüber aufgebaut, bis ihr heutiger Verlag schließlich auf sie zukam und sie unter Vertrag nahm. Bis dahin hatte sie bereits drei und mehr Bücher veröffentlicht.

Verlagsmenschen irren sich den ganzen Tag, wie wir alle. Sie haben oft auch keine Kapazitäten oder Ähnliches. Warum machst du davon dein Buchvorhaben abhängig? Warum entscheiden andere Menschen darüber, ob du ein Buch schreiben darfst oder nicht? Menschen, die ganz andere Beweggründe haben oder auch einfach Gründe, deine Idee abzulehnen, die nichts damit zu tun hat, ob deine Idee gut ist oder nicht.

Wenn du unbedingt eine Bestätigung von Außen brauchst: Hier ist sie.

Ich erlaube dir, dein Buch zu schreiben. Ich weiß, wenn du bis hierher gelesen hast, dann hast du einen tiefen Wunsch und den solltest du ernst nehmen. Nimm deine Wünsche und Träume immer ernst. Egal, wie toll ein Verlag - oder auch andere Menschen - diese finden. Es gibt einen guten Grund dafür und du darfst dir vertrauen und dir selbst glauben.

Dieser Selbstglaube ist die grundlegendste Antwort auf die Frage, warum so viele Bücher nicht geschrieben werden. Schauen wir uns jetzt einmal die an, die sich vor allem auf das konkrete Vorgehen beziehen:

Nicht genug Struktur und strategisches Vorgehen

„Ich werde einfach mal schreiben und schauen, wo es mich hinführt." Bei diesem Satz kann ich dir direkt sagen, dass das Ganze nicht erfolgreich ausgehen wird.

Stell dir vor, du gibst bei Google Maps kein Ziel ein: Wie soll dir Maps dann zeigen, welcher Weg der beste ist?

Stattdessen gehst du mal nach links, biegst dann rechts in die Seitenstraße ein und - oh, Sackgasse! Okay, du drehst wieder um, versuchst die andere Richtung. Mit ganz, ganz viel Glück kommst du irgendwann an dein Ziel, hast aber unglaublich viel Zeit verloren. Und wenn es ganz doof läuft, stehst du an deinem vermeintlichen Ziel und merkst: Ach ne, hierhin wollte ich doch gar nicht! - und das Ganze geht wieder von vorne los.

Dieses Beispiel passt wie Arsch auf Eimer zum Buchschreib-Prozess, wenn du ohne Struktur und Strategie einfach so mit dem Schreiben startest.

Und da es bei einem Buch um ein Projekt geht, das nicht in zwei Wochen erledigt ist, kann diese Unorganisiertheit zu Chaos führen, sehr stressig werden und so am Ende auch frustrierend. Zum Beispiel, wenn du bereits 100 Seiten hast und dann feststellst, dass du von Beginn an für zwei Zielgruppen schreibst, die eine davon aber nicht ansprechen willst. Dann alle 100 Seiten wieder umzuarbeiten ist Wahnsinn. Und das meine ich ganz ehrlich und genau so, wie ich es schreibe. Würde mir das passieren: Ich hielte es für einfacher, das ganze Buch nochmal neu zu schreiben, statt diese Überarbeitung zu machen. Und das ist bei 100 Seiten richtig, richtig ärgerlich und frustrierend!

Einer der Gründe, warum es von über 80 Prozent der Menschen die wenigsten schaffen, ihr Buch wirklich zu veröffentlichen, ist somit, dass sie nicht bereits vorher eine Strategie haben, wohin sie mit dem Buch wollen (Ziel des Buches) und wofür sie es einsetzen wollen (Ziel des Buches im Business). Sie haben Google Maps nicht gesagt, wohin sie wollen. Vielleicht, weil sie selbst gar nicht so genau wissen, warum sie überhaupt losgehen.

Die Struktur fürs Buch zu erstellen, vermeiden die meisten, genauso wie sich eine grobe Zeiteinteilung zu machen. Gerade die Struktur ist auch etwas, bei dem Debütautorinnen einfach nicht wissen, worauf es ankommt. Klar, denn schließlich ist es das erste Buch. Und sie sind unsicher, ob das, was sie sich gedacht haben, wirklich richtig ist. Macht das Sinn so? Was genau darf und will ich wie erzählen? Ist das relevant, wird das gelesen? Was ist wichtig, um zum einen meine Leser*innen abzuholen und ihnen wirklich zu helfen, aber auch das Buch für mein Business wirksam einzusetzen?

Um mal bei meinem Google Maps Beispiel zu bleiben: Du hast zwar dein Ziel eingegeben, klickst jetzt aber nicht auf den blauen Button mit dem Pfeil und der Aufschrift Route.

Tust du das nicht, wird dir der Weg zum Ziel auch nicht angezeigt. Du hast nicht die Möglichkeit, dir die

Anweisungen durchzulesen, die dich zum Ziel leiten und deinen Weg zu machen.

Warum so viele großartige Bücher nie geschrieben werden, liegt vor allem daran, dass diejenigen, die es eigentlich vorhaben, keine Struktur und Strategie haben. Hast du diese (und hast du eine passende), dann ermöglicht sie dir, dein volles Potential auszuschöpfen. Eine gute Organisation vorab und du kannst fokussiert deine Themen und Erfahrungen aufschreiben. Du siehst den Weg, gehst ihn und kommst in der vorgegebenen Zeit an das richtige Ziel (plus minus 20 Minuten, aber ein bisschen Puffer plane ich stets ein).

Dranbleiben und durchschreiben

Beim Buchschreiben geht es vor allem ums Dranbleiben. Das ist in der Regel am herausforderndsten in der Schreibphase und hierauf kommt es wirklich an.

Ich wünschte, ich könnte dir etwas anderes sagen, aber: Ein Buch ist kein Sprint. Die Schreibphase ist die wichtigste. Wenn du einmal den Mut gefunden hast und sagst: Ich mache das jetzt! Dann folgt diese Phase fast direkt im Anschluss.

In dieser Zeit solltest du regelmäßig schreiben und deine Perfektion beiseite lassen. Das ist meine Empfehlung - und genau diese ist auch für meine Autorinnen die absolut größte Herausforderung. Einfach einmal alles durchzuschreiben, wird oft unterschätzt und ist daher gar nicht so einfach, wenn wir uns zu oft durch andere Tätigkeiten rausbringen lassen.

Was zum Beispiel immer wieder passiert und dazu führt, dass ein Buch nicht zu Ende gebracht wird: Du überarbeitest zwischendurch zu viel und verbringst deine Zeit eher damit, die ersten Kapitel perfekt zu machen, statt zunächst einmal alles zu schreiben. Oder du recherchierst tagelang zu einer Fragestellung, statt erstmal aufzuschreiben, was du schon weißt.

Gerade bei einem Projekt wie diesem ist es mehr als wahrscheinlich, dass die Leute aussteigen. Das zeigt die Statistik und es ist auch ganz logisch: Denn ein Buch zu schreiben ist ein längeres Vorhaben und nicht innerhalb von ein paar Wochen erledigt. Deine

Herausforderung ist, die Priorität deines Buches immer wieder zu bestätigen und auch hier den Perfektionismus über längere Zeit beiseite zu lassen und dir zu sagen: „Was soll's, die Hauptsache ist, dass ich weitermache!" Das schaffen die meisten Menschen nicht. Sie lassen das Buch komplett liegen. Da bleibt es auch, denn es ist oftmals viel schwieriger, nach einer längeren Pause wieder reinzukommen, als wenigstens einmal die Woche zu schreiben und so gedanklich im Buch zu bleiben.

Das erlebe ich am häufigsten, zum Beispiel bei Emma. Sie hat über rund vier Monate sehr kontinuierlich geschrieben und über 100 Normseiten geschafft. Für mich ist vollkommen klar, dass es zwischendurch auch nicht immer gleich motiviert weitergeht, auch und vor allem, wenn im Leben Dinge passieren, mit denen wir nicht rechnen. Das ist bei einem Buch-Projekt, welches über mehrere Monate geht, ziemlich wahrscheinlich. Von einem Tag auf den anderen wollte Emma alles hinschmeißen und sich alleine einen Plan machen, ohne zu sehen, dass sie so viel geschafft hatte, WEIL sie nicht alleine war bei der ganzen Sache.

Denn nur weil du dir einen schönen Plan machen kannst, heißt das noch lange nicht, dass du diesen auch einhältst. Dann kommt der Perfektionismus dazu, der sagt: „Du bist nicht gut und fleißig genug."

Das ist auf der einen Seite Quatsch und auf der anderen Seite verständlich! So ein Gedanke oder Gefühl erzeugt immensen Druck, dem Emma fast nachgegeben hätte. DAS ist die große Hürde des Dranbleibens, in der zugleich eine weitere Hürde wartet: die des Beendens.

Fertig werden, das Buch beenden und veröffentlichen

Menschen machen ein jahrelanges Projekt aus ihrem Buch, weil sie meinen, dieses erste Buch müsste perfekt sein. Oder es müsste DAS Buch sein. Manche verlieren sich auch in diesem Autor*innendasein und können sich gar nicht vorstellen, wie es ist, auf einmal nicht mehr davon erzählen zu können, dass sie gerade ein Buch schreiben - weil sie fertig sind und es veröffentlicht haben.

Emmas Problem lag ebenfalls in der Angst vor dem Fertigwerden. Das Buchschreiben alleine weiterbringen zu wollen, an einzelnen Stellen herumzubasteln, immer wieder zu überarbeiten, die Struktur umzustellen, die Zielgruppe zu verändern, wieder von vorne zu beginnen… All das spiegelt die Angst vor dem Fertigwerden wider. Die Angst, das Buch zu veröffentlichen und hiermit gesehen zu werden, die Worte drucken zu lassen und dass diese dann gefühlt für immer feststehen.

Auch hier kann ich dir sehr empfehlen, das Buch Ungezähmt von Glennon Doyle zu lesen. Sie schreibt von einem ihrer ersten Bücher, in dem sie noch ihre Ehe und das Leben, das sie sich nach einer Alkoholsucht so erkämpft hat, so sehr feiert. Doch wenige Tage nach der Veröffentlichung stellt sie fest, dass ihr Mann fremdgegangen ist. Sie kommt sich sehr naiv vor und fragt sich, wie sie nun mit diesem einen Buch umgehen soll. Und beschließt schließlich, ein weiteres zu schreiben, das einen erneuten Wandel beschreibt und ihren Umgang mit dieser neuen Herausforderung.

Wir selbst sind wie Beziehungen: Wir verändern uns. Und unsere Bücher können somit immer nur einen Teil des Ganzen abbilden. Erst mehrere Bücher zusammengenommen zeigen unsere Entwicklung als Menschen. Deswegen nimm stets den Gedanken mit, dass du nicht nur ein Buch schreiben darfst und wirst. Das erste Buch wird für dich immer etwas ganz Besonderes sein, aber niemals perfekt. Das ist normal, denn es ist dein erstes Buch. Du brauchst weder jede Lücke zu füllen noch für jeden Sachverhalt die passende Formulierung parat haben. Am Ende werden nur dir diese Feinheiten auffallen und alle anderen werden sagen: Wow, jetzt kenne ich eine Autorin!

Ich könnte an dieser Stelle noch viel mehr zur Angst vor der Veröffentlichung schreiben, denn das ist ein unglaublich großes Mindset-Thema, bei dem es auch immer um Sichtbarkeit geht und das Gefühl, sich angreifbar zu machen. Dieser letzte Schritt erfordert Mut und insofern auch ein Gefühl von Sicherheit, mit dem eigenen Buch auf einem guten Weg zu sein, es gut gemacht zu haben und daher nun veröffentlichen zu können.

Diese Sicherheit haben die meisten Debütatorinnen nicht einfach so - denn schließlich ist es ihr erstes Buch. Woher soll diese Sicherheit kommen? Woher wissen sie, welche Fehler sie vermeiden können - und wie? Ob die Struktur gut so ist? Worauf sie beim Schreiben achten können? Wer feiert selbst die kleinen Erfolge mit ihnen (so wichtig!)? Woher wissen sie, wie sie ihre Rohfassung überarbeiten? Was bei einer Veröffentlichung ansteht und wichtig ist? Und was ist, wenn es in ihrem Umfeld keinen oder nur wenige Menschen gibt, die verstehen, was sie da gerade im Begriff sind zu tun und was es bedeutet, ein Buch zu schreiben und zu veröffentlichen?

Fassen wir das Ganze nochmal zusammen, so geht es im Prinzip immer um die Sicherheit in all diesen Schritten, an sich zu glauben und sich von dem, was für ein Buch nötig ist, nicht allzu sehr überfordern zu lassen. Sondern alles nach und nach anzugehen.

Von all den Menschen, die gerne ein Buch schreiben wollen, tun dies die meisten nicht, weil sie diese Sicherheit nicht in allen Punkten haben oder herstellen können. Wann und wie das passiert, ist von Autorin zu Autorin unterschiedlich. Ich habe mittlerweile so gut wie alle Punkte schon einmal erlebt und hoffe, ich konnte dir hier einen guten Überblick geben.

Kapitel 14

Der richtige Zeitpunkt für dein Buch ist jetzt!

The Time to Write A Book Is Now!

Erinnere dich selbst im Schreibprozess stets an Folgendes: Es wird immer etwas auf dich zukommen, das dich von deinem Buchvorhaben abbringt. Du kannst nicht kontrollieren, was um dich herum passiert. Was du kontrollieren kannst, ist, wie du damit umgehst und darauf reagierst. Du kannst trotzdem an das glauben, was du gerade tust und fokussiert hierauf bleiben. Egal wie klein der Rahmen und die Schritte für den Moment sind: Bleib dabei und gehe stetig weiter.

Dein Vorhaben ist wichtig und richtig. Lege dir selbst ein gutes und sicheres Fundament, indem du ein Buch schreibst und in diesem Zuge deine Expertise und dein Angebot aufbaust. Sei strategisch und gleichzeitig du selbst. Vergiss deine Ziele nicht und bringe sie immer auch mit deinem Buch zusammen und dem, was du mit diesem vorhast. Baue deine Präsenz auf eine gute Weise auf und schaffe dir die Sicherheit, die du brauchst. Trau dir dabei selbst immer über den Weg.

Self-Belief Coach Lisa Jöhren hat zu mir gesagt: „Wenn dich etwas wirklich ängstigt, dann nimm diese Angst ernst. Schau dir deine Angst an. Sorge für dich und finde Wege, dir selbst Sicherheit zu geben in diesen Bereichen. Wie kannst du für dich selbst ein sicheres

Gefühl herstellen bei einem Vorhaben, das dir zunächst noch Angst macht?"

Vor etwas Angst zu haben, unsicher zu sein usw. heißt nicht automatisch, dass du es besser bleiben lassen solltest. Es heißt lediglich, dass du etwas Zusätzliches wie Unterstützung brauchst, das dir mehr Sicherheit bei diesem Vorhaben gibt.

Ich wünsche mir für dich, dass du deinen Traum vom Buch traust und ihn ernst nimmst. Du hast gute Gründe für diesen Wunsch. Und ich weiß, dass du es genauso verdient hast, mit deinem Thema gesehen und anerkannt zu werden, wie all die Coaches, Mentorinnen und anderen bekannten Menschen, die dir gerade noch so groß und unerreichbar erscheinen.

Ob es ein Magazinartikel, der Podcastauftritt oder gleich der Speaking-Gig ist: Deine Stimme will gehört werden. Dein Buch schafft dir ein gutes Selbstbewusstsein für die eigene Expertise, ein Bewusstsein und Abrufbarkeit sowie einen fundierten Hebel, um dein Business aufzubauen und als starke Stimme in deinem Bereich wahrgenommen zu werden.

Die Zeit, um deinen Träumen zu folgen, ist immer jetzt die richtige. Du hast wie jeder andere Mensch eine Geschichte und Erfahrungen, die anderen Menschen helfen, wenn du sie teilst. Wir denken schnell: Ach, na ja, das ist viel zu persönlich und interessiert ohnehin niemanden. Aber oftmals sind es genau diese Geschichten, die Menschen berühren und sie wirklich erreichen.

Warte nicht auf irgendein Zeichen. Es geht bei dem Verwirklichen deiner Träume und dem Folgen deiner Wünsche nicht um ein Zeichen oder eine Erlaubnis, die dir jemand anderes gibt. Es geht um deine Entscheidung zu diesem Schritt.

Du willst dich als Expertin fühlen und dein Business auf einer fundierten Grundlage aufbauen. In diesem Buch habe ich dir gezeigt, wie du vorgehen kannst. Dabei geht es nicht zuerst um das, was du nach Außen transportierst, sondern darum, dich als Expertin zu fühlen und diese Expertise zu verinnerlichen. So hat Julia es gemacht: Für sie war ihr Buch die Vorbereitung auf alles, was dann folgte. Sie hat einen Buchfunnel erstellt und ein erstes Angebot kreiert. Ganz einfach und leicht anzubieten. Zugleich hatte sie endlich ihr

Thema und viele Inhalte dazu, die sie auf Social Media bespielen konnte, ohne sich dabei komisch vorzukommen.

Über 275 Reaktionen und mehr als 80 Kommentare bekam sie auf ihren Post zu Buchveröffentlichung via LinkedIn. Das Buch gab ihr die Legitimation, als Expertin aufzutreten.

Wenn ich so auf Julias Geschichte zurückblicke, dann hat sie sich durch das Schreiben dieses Buches zuerst selbst bestätigt, dass sie eine Expertin ist. Das Buch dann zu veröffentlichen, war nach der inneren Arbeit die Übertragung nach außen: „Seht her, ich bin Expertin, ich habe ein Buch über mein Thema geschrieben." Julia hat an sich geglaubt, auch wenn sie zwischendurch gezweifelt hat - aber das ist ganz normal. Mittlerweile hat sie einen ersten Onlinekurs getestet und arbeitet aktuell daran, mit ihrem Buch in unterschiedlichen Medien aufzutreten und präsent zu sein.

Es würde mich gar nicht wundern, wenn sie sich selbst das Versprechen gegeben hat, in spätestens drei Jahren ihren Hauptjob kündigen zu können, um komplett als Coach arbeiten zu können.

Mein Wunsch für dich ist, dass du dir selbst so sehr vertraust, dass du es wirklich tust und dein Business mit Buch aufbaust. Dein Buch schreibst, veröffentlichst und nutzt. Das Schwierigste und zugleich Schönste ist, dass dein Buch wie eine Wundertüte ist. Du weißt vorher nie so genau, was passiert, wenn du es veröffentlichst. Du machst dir einen Plan, ja, du hast eine Strategie, na klar - aber es wird noch viel mehr passieren, was du jetzt noch gar nicht sehen kannst. Zurück an Aylin gedacht: All dic Anfragen, Buchungen und mehr hatte sie ganz bestimmt nicht eingeplant. Aber all das konnte passieren, weil sie genau wusste, wie ihr Buch sein soll, weil sie eine Strategie hatte und schon während des Schreibens und Veröffentlichens immer sicherer auftrat.

Was dein Buch persönlich mit dir, mit deiner Entwicklung zur Expertin macht, ist eine ganz außergewöhnliche Reise. Eine Reise, mit der keine meiner Autorinnen rechnet und die am Ende doch für jede der größte Gewinn ist, den sie aus dieser Zeit mitnehmen kann. Ein Gewinn, der mit keinem Geld dieser Welt aufzuwiegen ist und dir für immer bleibt!

Danke

Zuerst danke ich dir, dass du dieses Buch gelesen hast. Ich will, dass du weißt, dass ich wiederum weiß, was dieser Traum vom Buch bedeutet. Und ich will dir sagen, dass es ganz und gar nicht überzogen, unangebracht oder gar unwichtig ist, so ein Projekt verwirklichen zu wollen. Das, was da am Ende steht, ist etwas Großes und ein ganz besonderes Gefühl, das dich erwartet und belohnt. So wie es für mich ein großes Gefühl ist, jetzt diese Worte hier zu schreiben, in dem Wissen, was ich für dieses Buch getan habe und es unter anderem in deinem Regal stehen zu sehen (Schickst du mir ein Foto? Ich teile es sehr gerne auf Social Media.) oder auf dem Bildschirm deines E-Book Readers.

Ich bedanke mich bei meiner Buchcoach. Angela Lauria, vielen Dank für deine Konsequenz und die Tiefe, in die du mit mir abgetaucht bist, um die Beweggründe der Personen, die ich ansprechen will, zu ergründen. Diese Arbeit hat es mir möglich gemacht, emotional zu schreiben und die Menschen, denen ich helfen will, wirklich zu verstehen.

Danke an Sigrun, die mich auf meinem Weg ein ganzes Stück nach vorne katapultiert hat durch ihre tough love. Du und dein Team haben schon in vielen Momenten mehr an mich geglaubt als ich selbst. Und ich bin dankbar, selbst Teil dieses Teams zu sein. Ihr habt mir gezeigt, dass wir keine Ellenbogen brauchen, sondern in der gegenseitigen Unterstützung viel mehr erreichen und mit einer ordentlichen Portion Idealismus und Vision richtig viel Geld verdienen können und dürfen!

Danke an meine Autorinnen und die, die es noch werden. Für euch mache ich das hier. Ein Buch von euch in der Hand zu halten, ist für mich oftmals noch viel schöner als meine eigenen. Ich liebe jedes Buch, bei dem ich euch unterstützen darf, jeder stolze Moment, an dem ich teilhaben darf und jede Möglichkeit, die ich schaffen kann, um euch auf die Bühne zu schieben, die ihr mit euren Themen verdient.

Besonderer Dank geht an meine echte Julia und an meine liebe Louise. Danke, dass ihr zu mir gekommen seid, mir vertraut und das sogar so sehr tut, dass ihr mich und meine Autorinnen unterstützt. Ihr macht das, was ich tue und mein Vorhaben so viel besser und größer. Für euch sind es nur ein paar Stunden, für mich ist es meine Vision, die durch euch Wirklichkeit wird. Etwas, an das ich auch dank euch ganz stark glauben kann. Danke! Von ganzem Herzen!

Danke an alle Menschen, die den Weg nicht mit mir gegangen sind. Die sich vielleicht gar nicht dafür interessieren oder mich an ein paar Stellen verurteilt und kritisiert haben. Ich nehme vieles davon mit, um mein Leben noch bewusster zu leben und mein Business besser zu machen. Eure Kritik ist der Grund, aus dem ich so gut sein kann.

Danke an meinen Mann. Danke, dass es dich gibt und du so bereit gewesen bist, ungewöhnlich zu sein. Don't stop believing.

Und wie sich das für ein gutes Buch gehört, endet es sinngemäß mit den Worten von Snoop Dogg:

Zu guter Letzt möchte ich mir selbst danken. Ich möchte mir dafür danken, dass ich an mich geglaubt habe. Ich möchte mir für diese harte Arbeit danken. Ich möchte mir dafür danken, dass ich oft keine freien Tage hatte. Ich möchte mir dafür danken, dass ich nie aufgegeben habe. Ich möchte mir dafür danken, dass ich mehr richtig als falsch gemacht habe. Und ich danke mir dafür, dass ich gelernt habe, ich selbst zu sein - mit allem, was dazugehört.

Über die Autorin

Svenja Hirsch ist DIE Business-Buch Mentorin im deutschsprachigen Raum. Sie ist ein absolutes Nordlicht, geboren in Hamburg, mittlerweile in Schleswig-Holstein lebend. In ihrer Geburtsstadt hat sie das erste Buch noch in den Kinderschuhen auf einer elektrischen Schreibmaschine getippt und nach dem Studium der deutschsprachigen Literaturen ihr erstes Buch 2013 veröffentlicht.

Bereits von 2006 an arbeitete sie in der Schreib- und Medienwelt als freie Autorin und Texterin, bevor sie sich ab 2019 komplett aufs Sachbuch und Business-Buch spezialisiert hat. Mittlerweile hat sie über elf Bücher veröffentlicht, dieses ist ihre Nummer 12.

Seit der Gründung ihres ersten Verlags vor fast 10 Jahren hat sie zudem Hunderten von Frauen geholfen, Perfektionismus und Prokrastination hinter sich zu lassen und mit einem Buch ihre Leadership-Rolle zu beanspruchen.

Sie bestärkt ihre Autorinnen, Bücher zu schreiben, die Medienaufmerksamkeit und Kund*innen anziehen und vor allem ihre Glaubwürdigkeit untermauern. Sie steht ihnen als Mentorin wie als Autorin zur Seite – und lässt dabei keine Zweifel aufkommen, dass sie mit ihrer Botschaft die Welt verändern können!

Hier findest du Svenja Hirsch und ihr Angebot:

www.svenjahirsch.de

Gruppenprogramm The Writing Sessions:

https://svenjahirsch.de/thewritingsessions/

1:1 Mentoring:

https://svenjahirsch.de/buchmentoring/

Weitere Bücher (Auswahl):

Die Business-Buch Fibel - Shortbook, erschienen 2022 bei KDP.

Vier Kinder und eine Selbstständigkeit, erschienen 2021 bei KDP.

Ambigue Begegnungen - unzuverlässige Erzählungen und Novellen, mit Jens Gärtner, erschienen 2019 bei BoD.

Die drei Herren und das mysteriöse Fischbrötchen, erschienen 2018 beim WäldchenVerlag.

Die drei Damen auf Café-Fahrt, erschienen 2015 beim WäldchenVerlag.

Der große Verbrecher und die Liebe. Folgen des Egoismus und seiner Aufgabe, erschienen 2013 beim WVB.

Referenzen:

Erfolg durch Einzigartigkeit: Human Design für dein Business von Anke Beeren, erschienen bei KDP 2023.

Visionsarbeit mit Teams und Organisationen von Christine Neumann, erschienen bei KDP 2023.

Aloha – Wie du dich wieder in dein Leben verliebst von Anna Rischke, erschienen bei KDP 2024.

Inner Leadership Journey von Susanne Kallanian, erschienen bei der Buchschmiede 2023.

Agile Datenkompetenz von Andrea Weichand, erschienen beim Springer Gabler Verlag 2023.

LiebesLust statt LiebesFrust von Nancy Glisoni, erschienen bei KDP 2023.

Beruflich glücklich – Klar geht das!: Der Guide für angestellte Frauen, die mehr Sinn im Job suchen von Brigitte Kleinhenz, erschienen bei KDP 2023.

Heul doch! Was mehr Emotionen in Organisationen bewirken von Julia Weber, erschienen bei KDP und epubli 2022.

Klinge wie du bist von Louise von Bülow, erschienen bei KDP 2022.

Trocken werden für Schulkinder von Aylin Knapp – Ratgeber, erschienen bei KDP und epubli 2022.

Werte wirken Wunder von Jessica Rumpf, erschienen beim Erfolgshoch Verlag 2022.

Und jetzt?

Mein Buch hat dich inspiriert und du denkst darüber nach, dein wertvolles Wissen und deine Erfahrungen in einem Business-Buch zu teilen? Ein Buch, das dir hilft, dich als führende Persönlichkeit in deiner Branche zu etablieren und dein volles Potenzial auszuschöpfen? Dann brauchst du jetzt zuerst zwei Dinge, die du bereits im Buch gefunden hast: Beginne mit der passende Themenidee. Im Guide Buchstark starten habe ich 40 treffsichere Inspirationen für dich zusammengestellt plus einen Buchtitelcheck, mit dem du deinen Arbeitstitel entwickeln kannst. Hier gebührenfrei downloaden:

JEDE angehende Autorin braucht im Anschluss eine Buchstruktur. Werde zur Queen deines Buchprojektes und hole dir jetzt in 4 easy Schritten die Hoheit über den ganzen Workaround deines Schreibens. Mit dem Code **EXSPR1.0** erhältst du einen Dankeschön-Rabatt:

Printed in France by Amazon
Brétigny-sur-Orge, FR

24133350R00137